Herbert Walker

Bohnen, Erbsen, Linsen & Co.

Herbert Walker

# Bohnen, Erbsen, Linsen & Co.

Vollwertige Rezepte mit Hülsenfrüchten

# Inhalt

Liebe Leserin, lieber Leser .................................................. 7

Wertvoller Inhalt – spröde verpackt ............................... 9

Warenkunde und Grundrezepte .................................... 11

Allgemeine Hinweise ....................................................... 23

Salate und Vorspeisen .................................................... 29

Suppen ............................................................................. 43

Eintöpfe und Currys ........................................................ 53

Küchle & Co. .................................................................... 73

Hauptgerichte .................................................................. 87

Beilagen ........................................................................... 123

Aufstriche ......................................................................... 135

Süßes ............................................................................... 143

Über den Autor ............................................................... 154

Rezeptindex ..................................................................... 155

# Liebe Leserin, lieber Leser,
# liebe Freunde der Vollwertküche,

Bohnen, Erbsen und Linsen sind nicht nur wegen ihrer wertvollen Inhaltsstoffe ein wesentlicher Bestandteil der vegetarischen Vollwertküche. Eine mindestens ebenso wichtige Rolle spielt ihre überraschende und verlockende Vielfalt: Aufgrund unterschiedlichster Formen, Farben und vor allem Geschmacksnuancen lassen sich Hülsenfrüchte äußerst vielseitig in der Küche verwenden.

Doch leider erhielten sie in unserer Ernährung bis vor kurzem nicht immer den Rang, der ihnen eigentlich zusteht. Mit diesem Buch erlösen Sie Bohnen und Co. ganz sicher aus ihrem Schattendasein.

Ganz besonders interessant ist dieses Kochbuch für Menschen, die sich ohne tierisches Eiweiß ernähren wollen oder müssen. Rezepte ohne tierisches Eiweiß sind mit zwei Ähren gekennzeichnet. Gerichte, die zwar tierisches Eiweiß enthalten, sich jedoch mit einer geringen Abwandlung auch ohne tierisches Eiweiß zubereiten lassen, sind mit einer Ähre gekennzeichnet.

Ich habe lange überlegt, wie ich dieses Kochbuch aufbauen soll, nach den Hauptgruppen der Hülsenfrüchte oder doch besser nach der Art ihrer Verwendung und mich schließlich für Letzteres entschieden. Innerhalb der einzelnen Kapitel habe ich dann die Rezepte mit gleichen Hülsenfrüchten zusammengefasst.

Jetzt wünsche ich Ihnen viel Spaß beim Kochen und viel Genuss beim Essen. Denken Sie immer daran: Kochen ist gelebte Kreativität und so sollen die Rezepte und die vielen Tipps Ihnen helfen, Ihre Mahlzeiten noch abwechslungsreicher zu gestalten.

Ihr

Herbert Walker

# Wertvoller Inhalt – spröde verpackt

Bohnen, Erbsen und Linsen gehörten hierzulande früher zu den Grundnahrungsmitteln, denn sie wuchsen überall, kosteten nicht viel und machten satt. Allerdings galten und gelten sie zum Teil noch heute als Arme-Leute-Essen, erst durch die Vollwertküche haben sie in den letzten Jahrzehnten wieder an Bedeutung gewonnen. Gleichzeitig hielten Kichererbsen und Sojabohnen Einzug in unsere Küchen und gesellten sich zu den bekannten Sorten.

Bohnen, Erbsen, Linsen, Sojabohnen und Kichererbsen zählt man zu den Schmetterlingsblütlern, der botanische Name dieser Pflanzenfamilie lautet Leguminosen. Die getrockneten Samen all dieser Arten nennt man Hülsenfrüchte. Mit mehr als 18.000 Arten sind die Leguminosen die drittgrößte Familie der Blütenpflanzen.

In der Küche kommen die getrockneten Samen zum Einsatz, außerdem frische junge Erbsen und Bohnen als Schotengemüse. Einige Hülsenfrüchte, insbesondere getrocknete Sojabohnen und Kichererbsen vermahlt man auch zu Mehl, das vielfach ähnlich wie Getreidemehl und vor allem in Kombination mit diesem eingesetzt werden kann. Bekannt ist Tofu, der aus Sojabohnen hergestellt wird. Außerdem lassen sich aus den Samen von Bohnen, Erbsen, Linsen und Co. Keimlinge ziehen.

Bei den Hülsenfrüchten handelt es sich um besonders wertvolle Lebensmittel, die vor allem im Winter, wenn es wenig Frisches gibt, geradezu ideal für die menschliche Ernährung geeignet sind.

Hülsenfrüchte sind wertvolle Eiweißlieferanten, so enthalten

| | |
|---|---|
| **100 g getrocknete Sojabohnen** | **bis zu 37 g Eiweiß,** |
| **Linsen und gelbe, geschälte Erbsen** | **jeweils etwa 23 g Eiweiß,** |
| **weiße Bohnen und Kichererbsen** | **etwa 20 bis 21 g Eiweiß.** |

Zudem sind Hülsenfrüchte überwiegend fettarm, der Fettgehalt pro 100 g getrockneter Samen reicht von etwas mehr als 1 g Fett bei Linsen, Erbsen und Bohnen über 3 g bei Kichererbsen bis zu 18 g bei

Sojabohnen. Des Weiteren enthalten sie Stärke und komplexe Kohlenhydrate, so dass der Blutzuckerspiegel nach dem Essen nur langsam ansteigt. Hülsenfrüchte enthalten viele Mineralstoffe wie Kalium, Calcium, Phosphor und Eisen (vor allem in den roten Hülsenfrüchten wie roten Linsen oder Feuerbohnen) und Vitamine, insbesondere Vitamin $B_1$, teilweise auch Vitamin $B_2$ und $B_6$.

Vor allem in der Kombination mit Getreide kann mit Hülsenfrüchten die optimale Eiweißversorgung des Körpers gelingen, ihre Inhaltsstoffe stärken Herz und Muskeln und schützen vor Erkältungskrankheiten.

Einige Hülsenfrüchte wie die Mungbohne eignen sich sehr gut zum Keimen und werden dadurch sogar noch wertvoller, so erhöht sich der Vitamin-$B_{12}$-Gehalt der Mungbohne durch das Keimen innerhalb von drei bis vier Tagen um das Zweieinhalbfache und bei Linsen um fast das Vierfache. Gerade in der vegetarischen Ernährung ist dies von erheblicher Bedeutung.

Die meisten Hülsenfrüchte enthalten Stoffe, die in rohem Zustand giftig für den Menschen sind. Deshalb sollten sie mit Ausnahme von grünen Erbsen nicht roh verzehrt werden. Die unbekömmlichen Stoffe werden durch 15-minütiges Kochen abgebaut, teilweise auch beim Keimen, daher reicht bei Keimlingen ein kurzes Blanchieren vor dem Verzehr aus.

# Warenkunde und Grundrezepte

Im Folgenden möchte ich Ihnen die Hülsenfrüchte, die in meinen Rezepten verwendet werden, vorstellen und Ihnen einige nützliche Küchentipps geben.

## Bohnen

Bohnen stammen ursprünglich aus den Anden, werden aber seit langem auch bei uns angebaut. Von der einjährigen Hülsenfrucht gibt es bei uns mehr als hundert Sorten, die zu den nitratärmsten Gemüsearten zählen.

Bohnen gibt es sowohl frisch als Gemüse als auch getrocknet in Form der Samen. Vorsicht, Bohnen dürfen nicht roh gegessen werden, da sie einen natürlichen Giftstoff, die Stickstoffverbindung Phasin, enthalten. Doch bereits durch 15-minütiges Garen wird diese Substanz vollständig zerstört, dann ist der Verzehr völlig unbedenklich.

Man unterscheidet botanisch Gartenbohnen und Dicke Bohnen, Puff- oder Saubohnen. Im Anbau kennt man Busch-, Stangen- sowie Feuer- und Prunkbohnen.

Delikatess- oder Prinzessbohnen werden jung als Frischgemüse gepflückt und sind besonders zart. Brechbohnen sind besonders dickfleischig und lassen sich auch ausgereift glatt durchbrechen, meist handelt es sich um Buschbohnen. Stangenbohnen eignen sich gut für Eintöpfe. Die gelben Wachsbohnen machen sich vorzüglich im Salat. Freilanderten erhält man aus unseren Landen von Juni bis September.

Getrocknet gibt es Bohnen in allen Farben von weiß über rot bis schwarz.

In meinen Rezepten habe ich die jeweils benötigte Bohnen- und Wassermenge zum Einweichen und Kochen immer angegeben. Wenn Sie Bohnen unabhängig von den Rezepten kochen möchten, richten Sie sich bitte nach den Angaben der Tabelle auf Seite 26.

## Grundrezept zum Kochen getrockneter Bohnen

| | |
|---|---|
| Getrocknete Bohnen | über Nacht im |
| Wasser | einweichen. |
| | Dann im Einweichwasser |
| | gegebenenfalls zusammen mit |
| Gewürzen | und / oder |
| körniger Gemüsebrühe | aufkochen und etwa 90 Minuten köcheln lassen. Die Kochzeit kann je nach Sorte und Verwendung etwas variieren. Anschließend entsprechend dem Rezept weiterverwenden. |

**Tipp:** Gewürze und Kräuter wie Kreuzkümmel, Koriander, Rosmarin, Bohnenkraut und Senfkörner helfen, Blähungen vorzubeugen.

# Azukibohnen

Vermutlich stammt die Azukibohne aus Ostasien. Heute wird sie in Korea, Japan, China und in der Mandschurei angebaut. In Japan ist die Azukibohne neben der Sojabohne die wirtschaftlich wichtigste Leguminose. Die einjährige, buschig wachsende Azukibohne bildet Hülsen mit bis zu 12 Zentimetern Länge und 0,5 Zentimetern Breite. Die Hülsen bergen fünf bis zwölf meist dunkelrot gefärbte Samen. Die nährstoffreichen Samen enthalten bis zu 65 Prozent Kohlenhydrate, 22 Prozent Eiweiß und nur 0,3 Prozent Fett.
Die bei uns angebotenen Azukibohnen werden ganzjährig als Trockenbohnen importiert. Sie lassen sich bei kühler, trockener Lagerung lange aufbewahren. Im Allgemeinen werden Azukibohnen zum Kochen von Suppen und Eintöpfen oder als Beilage zu Reisgerichten verwendet.

# Sojabohnen

Die aus China stammende Sojabohne wächst buschig und wird bis zu einem Meter hoch. Die gelben, grauen oder schwarzen Hülsen sind behaart und enthalten bis zu fünf Samen. In der Regel werden bei uns hellsamige Sorten angeboten, grüne, rote und schwarze Samen gibt es seltener.
Der hohe Gehalt an Eiweiß macht die Sojabohne zu einem wichtigen Bestandteil der vegetarischen Ernährung und sichert weltweit vielen Menschen das Überleben.
Aus der getrockneten Bohne werden zahlreiche Nahrungsmittel hergestellt, so durch Pressen das Sojaöl mit der essentiellen Fettsäure Linolsäure. Der dabei entstehende Pressrückstand, der Presskuchen, dient als wertvolles Tierfutter. Daneben sind Sojabohnen Grundlage von Tofu, Miso, Sojamilch, Sojamehl und vielem anderen mehr.
Sojabohnen eignen sich auch für die Herstellung von Sprossen und Keimlingen, diese sollten allerdings vor dem Verzehr blanchiert werden.

In meinen Rezepten habe ich die jeweils benötigte Sojabohnen- und Wassermenge immer angegeben. Wenn Sie Sojabohnen unabhängig von den Rezepten kochen möchten, richten Sie sich bitte nach den Angaben der Tabelle auf Seite 26.

## Grundrezept zum Kochen getrockneter Sojabohnen

Getrocknete Sojabohnen über Nacht im warmen Wasser einweichen. Bohnen und Einweichwasser durch ein Sieb abschütten. Bohnen im Sieb gut abspülen. Ein gleiches Volumen frisches Wasser abmessen wie zum Einweichen benötigt wurde. Die gequollenen Bohnen in das Wasser geben, 1 EL Öl dazugeben und etwa zwei Stunden köcheln lassen, bis die Bohnen weich sind. Die weichen Bohnen können dann weiterverwendet werden. Werden nicht alle gekochten Bohnen benötigt, können diese im Kochwasser im Kühlschrank einige Tage aufgehoben werden.

**Tipp:** Manchmal bildet sich auch nach längerem Einweichen beim Kochen Schaum, den ich immer abschöpfe. Außerdem entferne ich die sich während des Einweichens und Kochens hin und wieder ablösenden Samenhäute.

**Tipp:** Sie können die Bohnen auch im Dampfdrucktopf kochen, dann sollten Sie aber zusätzlich noch einen weiteren EL Öl in das Wasser geben, nach 30 Minuten sind die Sojabohnen weich.

# Tofu

Obwohl es sich bei Tofu um verarbeitete Sojabohnen handelt, möchte ich an dieser Stelle speziell auf dieses heute meist industriell hergestellte Nahrungsmittel eingehen, das insbesondere in der veganen Ernährung aufgrund seines hohen Eiweißgehaltes, aber auch durch seine vielfachen Einsatzmöglichkeiten besonders interessant ist. Beides sind Eigenschaften, die es sowohl für den Einsatz in der eigenen Küche als auch für die Industrie und industriell hergestellte Produkte interessant machen.

Tofu wird in China und Japan schon seit mehr als 2000 Jahren als Eiweißlieferant geschätzt. Zur Herstellung lässt man getrocknete Sojabohnen quellen und zerkleinert diese, anschließend werden sie mit Wasser gekocht und danach zur »Sojamilch« filtert. Durch Zusatz von Bittersalzen wird die Flüssigkeit zum Gerinnen gebracht. Die so entstandenen Flocken werden zu meist rechteckigen Blöcken gepresst. Tofu ist leicht bekömmlich, hat einen hohen Eiweißgehalt von 16 g pro 100 g Masse, wenig Fett und ist cholesterinfrei. Weitere wertvolle Bestandteile sind Eisen, Magnesium, Kalium, Calcium, Zink und Phosphor sowie etwas Folsäure und die wichtigen Vitamine $B_1$, $B_2$ und $B_6$.

# Mungbohnen

Die erbsengroßen, olivgrünen Mungbohnen werden mitunter auch als grüne Sojabohnen bezeichnet, dürfen jedoch nicht mit der Sojabohne verwechselt werden. Mungbohnen werden in China, Indien und Afrika angebaut. Sie brauchen vor dem Kochen nicht eingeweicht werden, sind nach einer halben Stunde fertig gekocht und eignen sich vorzüglich gemäß dem nachfolgenden Rezept zum Keimen.

# Gekeimte Mungbohnen

Mungbohnen  
warmem Wasser

mit übergießen und einige Stunden, eventuell über Nacht einweichen. Wasser abgießen, die Bohnen in ein Keimgerät aus Plastik oder Ton geben. Dann zwei- bis dreimal am Tag mit Wasser übergießen und abtropfen lassen. Achten Sie darauf, dass die Bohnen nie im Wasser liegen. Nach zwei bis drei Tagen sind die Bohnen ausreichend gekeimt und können für Salate oder andere Gerichte weiterverwendet werden.

Ähnlich können Sie auch aus allen anderen Hülsenfrüchten Keime ziehen, allerdings sollten Sie gekeimte Bohnen, Sojabohnen und Kichererbsen vor dem Verzehr kurz blanchieren, um alle eventuell noch vorhandenen, unbekömmlichen Stoffe zu inaktivieren.

Beachten Sie hierbei auch die Keimdauer der verschiedenen Hülsenfrüchte, sie wirkt sich auf den Gehalt der natürlichen Giftstoffe aus. Verwenden Sie zum Keimen niemals Sämereien für den Garten aus Samenfachgeschäften, da diese oft mit giftigen Beizmitteln behandelt sind.

# Erbsen

Die Erbse gilt als älteste Nutzpflanze unter den Hülsenfrüchten und als Symbol für Fruchtbarkeit. Erbsen können sowohl frisch als auch getrocknet verwendet werden, wobei der Eiweiß- und Kohlenhydratanteil wie auch der Anteil an Ballaststoffen pro 100 g im getrockneten Zustand natürlich deutlich höher ist.

Einheimische frische Erbsen gibt es von Juni bis August. Man unterscheidet die leicht mehligen Palerbsen, die süßlichen Markerbsen, die man in der Küche nur frisch verwenden kann, weil sie im getrockneten Zustand beim Kochen nicht weich werden, und die besonders zarten Zuckererbsen. Zuckererbsen werden mit der ganzen, unreifen, aber süßen Hülse verzehrt, sie können auch roh gegessen werden. Sie werden nur für den Frischverzehr angebaut.

Bei den grünen oder gelben Trockenerbsen handelt es sich um Palerbsen, die im Handel in unterschiedlichen Größen angeboten werden. Große Erbsen sind besonders reich an Stärke und werden daher beim Kochen besonders weich.

Frische Erbsen sind kaum lagerfähig, in der Hülse kann man sie im Kühlschrank bis zu drei Tage aufbewahren, aber sie verlieren schnell an Geschmack und Farbe.

Frische, blanchierte Erbsen kann man tiefgekühlt bis zu einem knappen Jahr lagern, sie werden häufig auch tiefgekühlt angeboten.

Die getrockneten, meist grünen oder gelbe Erbsen werden über Nacht eingeweicht und dann weich gekocht.

In meinen Rezepten habe ich die jeweils benötigte Erbsen- und Wassermenge immer angegeben. Wenn Sie Erbsen unabhängig von den Rezepten kochen möchten, richten Sie sich bitte nach den Angaben der Tabelle auf Seite 26.

## Grundrezept zum Kochen getrockneter Erbsen

| | |
|---|---|
| Getrocknete Erbsen | über Nacht oder zumindest einige Stunden |
| in Wasser | einweichen. |
| | Dann im Einweichwasser gegebenenfalls zusammen mit |
| Gewürzen | und / oder |
| körniger Gemüsebrühe | aufkochen und etwa 60 Minuten köcheln lassen. |
| | Anschließend entsprechend dem Rezept weiterverwenden. |

# Kichererbsen

Die einjährige Pflanze stammt ursprünglich aus Asien und wird heute überwiegend in der Türkei, Nordafrika, Indien und Pakistan, aber auch in Mexiko und Spanien angebaut. Sie wächst buschig aufrecht und wird bis zu 45 Zentimeter hoch. In den leicht aufgeblähten Hülsen entwickeln sich bis zu drei Samen.

Kichererbsen dürfen nur in gekochtem Zustand oder gekeimt und anschließend blanchiert verwendet werden. Rohe Kichererbsen enthalten wie Bohnen natürliche Giftstoffe.

Gekeimte Samen wirken weniger blähend als die gekochten Kichererbsen, durch die Verwendung entsprechender Gewürze (siehe Hinweise zum Kochen von Bohnen) kann die eventuell blähende Wirkung ebenfalls stark reduziert werden.

In meinen Rezepten habe ich die jeweils benötigte Kichererbsen- und Wassermenge immer angegeben. Wenn Sie Kichererbsen unabhängig von den Rezepten kochen möchten, richten Sie sich bitte nach den Angaben der Tabelle auf Seite 26.

## Grundrezept zum Kochen getrockneter Kichererbsen

| | |
|---|---|
| Getrocknete Kichererbsen | über Nacht oder zumindest mehrere Stunden im |
| Wasser | einweichen. Einweichwasser wegschütten. Gequollene Kichererbsen in |
| frischem Wasser | (etwas weniger Wasser als zum Einweichen benötigt wurde) etwa 75 bis 90 Minuten sprudelnd weich kochen. Schneller geht es im Dampfdrucktopf, hier dauert es nur 20 bis 25 Minuten. Vergessen Sie in diesem Fall aber nicht, |
| 1 EL Öl | ins Kochwasser zu geben. |

**Tipp:** Die Kochzeit können Sie etwas verkürzen, indem Sie eine Messerspitze Natron ins Einweichwasser geben.

**Tipp:** Entfernen Sie so weit wie möglich vor dem Weiterverwenden die durch Einweichen und Kochen abgelösten Samenhäute der Kichererbsen.

# Linsen

Linsen sind äußerlich vielleicht die unscheinbarsten, aber trotzdem die wahrscheinlich bekanntesten Hülsenfrüchte. Bei den runden, fast scheibenförmig flachen Hülsenfrüchten handelt es sich um die Samen einer der ältesten Kulturpflanze, denn schon im Alten Testament wird berichtet, dass Esau sein Erstgeburtsrecht für ein Linsengericht verkaufte. Ganz sicher ein eindeutiger Hinweis, wie gut Linsen schmecken können.
Deutschland als eines der bedeutendsten Importländer für Linsen bezieht diese unter anderem aus Chile, den USA und Algerien. Linsen sind wie alle Hülsenfrüchte sehr eiweißreich und enthalten zusätzlich viel Kalium und Phosphor. Es ist wichtig zu wissen, dass der Geschmack in der Schale sitzt, weshalb kleine Sorten meist geschmacksintensiver sind als die größeren Exemplare.
Die Sorten werden überwiegend nach Größe und Farbe unterschieden. Bei uns am bekanntesten sind die grünlich-gelben bis gelblich-braunen Linsen, doch es gibt daneben noch eine fast unendliche Vielfalt: Bekannt sind beispielsweise die roten Linsen, die sich beim Kochen gelb verfärben, die kleinen, schwarzen Beluga-Linsen oder die olivgrünen Du Puy-Linsen. Aus Italien kommen die braunen Berglinsen und aus Frankreich die rötlich-braunen Champagne-Linsen.

Getrocknete Linsen sind jahrelang haltbar, sie müssen allerdings trocken, kühl und dunkel gelagert werden. Je länger sie liegen, desto trockener werden sie. Daher brauchen ältere Linsen meist mehr Wasser und müssen länger gekocht werden, als vielleicht im Rezept angeben, hier müssen Sie einfach während des Kochens immer mal wieder probieren, ob die Linsen schon gar sind. Es gibt auch schnellkochende Linsensorten wie die Beluga-Linsen oder die kleinen roten Linsen, die man vor dem Kochen nicht einzuweichen braucht.

In meinen Rezepten habe ich die jeweils benötigte Linsen- und Wassermenge immer angegeben. Wenn Sie Linsen unabhängig von den Rezepten kochen möchten, richten Sie sich bitte nach den Angaben der Tabelle auf Seite 26.

## Grundrezept zum Kochen getrockneter Linsen

| | |
|---|---|
| Getrocknete Linsen<br>Wasser | je nach Sorte einige Stunden im einweichen (rote Linsen und Beluga-Linsen müssen nicht eingeweicht werden).<br>Dann bei schwacher Hitze etwa 45 bis 60 Minuten garen (rote Linsen und Beluga-Linsen sind schon nach 20 Minuten weich).<br>Nach etwa zwei Dritteln der Kochzeit nach Belieben |
| Gemüsebrühe,<br>klein geschnittene Zwiebel,<br>Lorbeerblätter<br>andere Gewürze | oder<br>zugeben. |

# Allgemeine Hinweise

○ Die Rezepte sind, wenn nicht anders angegeben, immer für vier Personen berechnet.

○ Bei Backformen ist ein Durchmesser von 26 Zentimetern vorgesehen.

○ Alle Temperaturangaben beim Backen beziehen sich auf einen Backofen mit Ober- und Unterhitze, bei einem Umluftherd richten Sie sich bitte nach den Angaben des Herstellers.

○ Um mehr Platz für Rezepte und Tipps zu haben, verzichte ich bei den Zubereitungshinweisen weitgehend auf Selbstverständlichkeiten. Denn Sie wissen selbst, dass beispielsweise Obst und Gemüse gut gewaschen, gesäubert und – wenn unbedingt erforderlich – geschält werden sollte, so dass ich nicht bei jedem Rezept darauf hinweisen muss.

○ Bei den empfohlenen Gewürzen habe ich nicht immer eine detaillierte Mengenangabe gemacht, denn wie hilfreich ist zum Beispiel die Aussage »eine Messerspitze«? Die Menge, die auf eine Messerspitze passt, kann stark variieren, je nachdem, ob Sie ein schmales oder breiteres Messer nehmen. Zum anderen hat jeder seine eigenen Vorlieben, nimmt gerne mehr oder weniger Salz oder möchte ein anderes Gewürz mehr oder weniger betonen, als ich es vorgesehen habe. Gehen Sie deshalb beim Würzen mit Gefühl vor und schmecken Sie Ihre Gerichte so ab, dass sie Ihnen selbst, Ihrer Familie und Ihren Gästen munden.

○ Wenn nicht anders angegeben, meine ich bei Gewürzen immer die Pulverform, entweder gekauft oder im Mörser selbst hergestellt, auf andere Formen wird im jeweiligen Rezept extra hingewiesen.

○ Wenn die Rezepte Ingwer vorsehen, können Sie Ingwerpulver verwenden. Wenn Sie aber wie ich immer frischen Ingwer im Hause haben, können Sie auch frisch geriebenen oder klein geschnittenen Ingwer verwenden.

○ Wählen Sie als Zutaten so weit wie möglich Produkte aus kontrolliert-biologischem Anbau, die Sie überwiegend in Hof- und Naturkostläden und in Reformhäusern, aber auch in manchen Supermärkten erhalten.

○ Obst und Gemüse sollte man möglichst immer frisch verwenden; einheimische Produkte aus biologischem Anbau sind hier aus ökologischen und meist auch aus Geschmacksgründen zu bevorzugen.

○ Bei den Rezepten verwende ich nach Möglichkeit frische, vorwiegend gehackte Kräuter. Wenn diese nicht verfügbar sind, können Sie auch getrocknete Kräuter nehmen.

○ Wenn ich Mehl, Grieß oder Semmelbrösel verwende, meine ich immer und ausschließlich Produkte aus dem vollen Korn, das Mehl wird bei mir immer unmittelbar vor der Verarbeitung gemahlen. Daher gehört meines Erachtens eine Getreidemühle in jeden Haushalt, in dem vollwertig gekocht wird. Wenn Sie das Kochen und Backen mit Vollkornmehl erst einmal ausprobieren wollen, können Sie sich die entsprechenden Mengen meist frisch in den Läden mahlen lassen. Für manche Gerichte sind auch Flockenquetschen gut geeignet.

○ Für die Gerichte in diesem Buch und auch sonst verwende ich ausschließlich Honig zum Süßen. Wenn Sie sich vegan ernähren, können Sie mit einem gewissen Verlust an Naturbelassenheit und Vollwertigkeit auch Sirup oder Obstdicksäfte verwenden, auf raffinierten Zucker sollten Sie aber verzichten.

○ Als Fett verwende ich nur kaltgepresste Öle – hier überwiegend Sonnenblumenöl, teilweise Olivenöl oder auch Erdnussöl, das sich besonders gut zum Kochen und Braten eignet – und Butter. Auch die Verwendung von Reformmargarine ist denkbar. Wenn nicht anders angegeben, verwende' ich zum Braten Öl, bevorzugt Erdnussöl. Backformen fette ich meist mit Butter oder bei tierischeiweißfreien Gerichten mit Reformmargarine oder Öl ein. Vermeiden Sie raffinierte Öle und gehärtete Margarinen, denn diese Produkte werden in ganz erheblichem Umfang industriell und chemisch bearbeitet.

○ Verwenden Sie möglichst keine Produkte mit künstlichen Konservierungsmitteln, Farbstoffen oder zugesetzten Vitaminen.

○ Ich verwende nur Salz ohne Jodzusatz entweder pur oder als Kräutersalz in den verschiedensten Ausprägungen.

○ Werden in den Rezepten Nüsse verwendet, können Sie die üblichen Sorten wie Hasel-, Erd- oder Walnüsse sowie Mandeln meist je nach Geschmack verwenden oder variieren.

# Kochtipps

○ Die Mengen für das Kochwasser können nicht genau angegeben werden, da der Restfeuchtigkeitsgehalt in den getrockneten Hülsenfrüchten variieren kann, vor allem aber, weil bei der langen Kochzeit, je nach Dichtheit des Deckels, mehr oder weniger Flüssigkeit verdampft. Die Wassermengen in den Rezepten sind daher eher großzügig bemessen, sollte am Schluss doch etwas mehr Flüssigkeit vorhanden sein als für das Rezept notwendig, schütte ich es eben ab.

○ Die meisten Hülsenfrüchte schäumen beim Kochen, was man durch 1 EL Öl im Kochwasser weitgehend verhindern kann. Allerdings kann sich die Kochzeit dadurch etwas verlängern. Schaum versuche ich nach Möglichkeit abzuschöpfen, dies gilt auch für abgelöste Samenhäute.

○ Hülsenfrüchte würze und salze ich erst kurz vor dem Ende der Kochzeit, denn dann werden das Salz und die Gewürze am besten aufgenommen.

○ Im Kochwasser können die gekochten Hülsenfrüchte im Kühlschrank drei bis vier Tage problemlos aufbewahrt werden. Daher koche ich meist mehr, als ich für ein Rezept benötige und verwende die Reste dann für andere Gerichte, insbesondere natürlich für Brotaufstriche oder als Zutat für Salate oder Eintöpfe.

○ Wenn Sie einmal gekochte Hülsenfrüchte übrig haben und diese für ein bestimmtes Rezept in diesem Buch weiterverwenden möchten:
100 g getrocknete Hülsenfrüchte entsprechen 200 – 260 g gekochten Hülsenfrüchten
oder
100 g gekochte Hülsenfrüchte entsprechen 40 – 50 g getrockneten Hülsenfrüchten.

# Einweichen von Hülsenfrüchten
# Mengen und Zeiten

| | **Verhältnis Hülsenfrüchte / Wasser (g / ml)** | **Einweichzeit** | **Einweichwasser abgießen** |
|---|---|---|---|
| **Bohnen** | 1:5 | über Nacht | nein |
| **Limabohnen** | 1:5 | über Nacht | ja |
| **Mungbohnen** | Einweichen nicht nötig | | |
| **Sojabohnen** | 1:5 | über Nacht | ja |
| **Ungeschälte Erbsen** | 1:4 | über Nacht | nein |
| **Geschälte Erbsen** | 1:3 | 60 – 120 Minuten | nein |
| **Ungeschälte halbierte Erbsen** | Einweichen nicht nötig | | |
| **Kichererbsen** | 1:4 | einige Stunden bis über Nacht | ja |
| **Braune / Grüne Linsen** | 1:3 | sortenabhängig | nein |
| **Rote Linsen** | Einweichen nicht nötig | | |
| **Beluga-Linsen** | Einweichen nicht nötig | | |

# Kochen von Hülsenfrüchten
# Mengen und Zeiten

| | **Verhältnis<br>Hülsenfrüchte /<br>Wasser (g\* / ml)** | **Kochzeit<br>in Minuten** |
|---|---|---|
| **Bohnen** | Einweichwasser<br>= Kochwasser | sortenabhängig<br>etwa 90 |
| **Limabohnen** | 1:5 | etwa 90<br>Kochwasser weggießen |
| **Mungbohnen** | 1:2,5 | 25 – 30 |
| **Sojabohnen** | 1:5 | etwa 120 |
| **Ungeschälte Erbsen** | Einweichwasser<br>= Kochwasser | 60 |
| **Geschälte Erbsen** | Einweichwasser<br>= Kochwasser | 45 |
| **Ungeschälte<br>halbierte Erbsen** | 1:3,5 | 45 |
| **Kichererbsen** | 1:3,5 | 90 |
| **Braune /<br>Grüne Linsen** | Einweichwasser<br>= Kochwasser | sortenabhängig<br>45 – 60 |
| **Rote Linsen** | 1:2,5 | 20 |
| **Beluga-Linsen** | 1:2,5 | 20 |

\* Gewicht vor dem Einweichen

## Zeichenerklärung

Rezepte, die mit diesem Symbol gekennzeichnet sind, sind **tierisch-eiweißfrei** und somit besonders geeignet für alle, die sich ohne tierisches Eiweiß ernähren wollen oder müssen.

Ist ein Rezept mit diesem Symbol gekennzeichnet, bedeutet dies, dass dort Milchprodukte, die nur geringe Mengen tierisches Eiweiß enthalten, verwendet werden, zum Beispiel Butter oder Sahne. Meist können diese Rezepte durch Ersatz von Butter durch Öl oder Reformmargarine ohne Weiteres tierisch-eiweißfrei zubereitet werden.

# Salate und Vorspeisen

Hülsenfrüchte eignen sich gekocht oder gekeimt für viele Salate. Besonders im Winter sind die frischen Keime eine wertvolle Bereicherung und erhöhen die Variationsmöglichkeiten um ein Vielfaches.

Wenn es frische grüne Bohnen gibt, ist die richtige Zeit für den folgenden Salat.

## Bohnen-Gurken-Salat

| | |
|---|---|
| 300 g grüne Bohnen | abfädeln, in 5 cm lange Stücke brechen und mit |
| Salz | in |
| 300 ml Wasser | in 20 Minuten bissfest kochen. Das Kochwasser abgießen. |
| 300 g Gurke | in dünne Scheiben schneiden. |
| 1 rote Paprika | in feine Streifen schneiden. Abgetropfte Bohnen, Gurkenscheiben und Paprikastreifen mischen. Aus |
| 2 EL Obstessig, Salz, Pfeffer, 1 fein gewürfelten Zwiebel, rosenscharfem Paprikapulver | und |
| 4 EL Sonnenblumenöl | eine Marinade herstellen, über die Bohnen, Gurken und Paprika gießen, alles gut durchmischen und mindestens 15 Minuten ziehen lassen. Dann mit |
| Schnittlauch oder Petersilie | garniert servieren. |

**Tipp:** Sie können zusätzlich eine durchgepresste Knoblauchzehe zur Marinade geben und statt roter Paprika ein bis zwei geachtelte Tomaten verwenden.

Wenn Sie mal etwas anderes als die üblichen Essig-Öl- oder Joghurt-marinaden wünschen, dann ist die Sauce des folgenden Rezeptes genau das Richtige für Sie, außerdem ist der Salat auch farblich sehr attraktiv.

##  Bohnensalat in pikanter Tomatensauce

| | |
|---|---|
| 500 g dicke, grüne Bohnen | in 3 – 5 cm lange Stücke brechen, in |
| 1,5 l Wasser | in gut 20 Minuten bissfest garen. Das Kochwasser abgießen. |
| 2 Knoblauchzehen | zerdrücken, mit |
| 1 TL zerstoßenem Rosmarin | mischen und in einem großen Topf mit |
| 3 EL Olivenöl | einige Minuten rösten. |
| 3 Tomaten | kurz mit heißem Wasser überbrühen, häuten und grob würfeln. Tomatenwürfel zusammen mit |
| 150 g Tomatenpüree, Kräutersalz, 100 ml rotem Traubensaft, Saft einer Zitrone, 1 gewürfelten Zwiebel | und |
| frisch gemahlenem schwarzen Pfeffer | zum Knoblauch in den Topf geben und unter ständigem Rühren etwa 10 Minuten köcheln lassen. Dann die Bohnen dazugeben und auf der ausgeschalteten Platte einige Minuten durchziehen lassen. Warm servieren. |

**Tipp:** Der Salat schmeckt auch kalt vorzüglich, dann aber am besten einige Stunden durchziehen lassen.

**Tipp:** Gibt es keine frischen Bohnen, können Sie auch getrocknete, große Limabohnen verwenden. Natürlich müssen Sie diese zunächst einweichen und dann weich kochen.

# Weiße Bohnen mit Oliven

| | |
|---|---|
| 120 – 150 g weiße Bohnen | mit |
| 600 – 750 ml Wasser | nach Grundrezept (S. 11) kochen. |
| 2 Tomaten | kurz überbrühen, enthäuten und grob hacken. |
| 1 rote Zwiebel | fein würfeln. |
| 150 g eingelegte schwarze Oliven ohne Stein | in Scheiben schneiden. Alles mit den abgekühlten, gekochten weißen Bohnen in eine Schüssel geben. Aus |
| 3 EL hellem Balsamico-Essig, 3 – 4 EL Olivenöl, 1 gehackten Knoblauchzehe, ½ Bund fein gehackter Petersilie, 2 TL klein geschnittenem Basilikum, Salz | und |
| frisch gemahlenem schwarzen Pfeffer | eine Marinade herstellen, über die Bohnenmischung gießen, gut durchmischen und etwas ziehen lassen. Kalt servieren. |

**Tipp:** Statt oder auch zusammen mit Tomaten eignet sich Paprika, statt schwarzer können auch grüne Oliven verwendet werden, intensiver wird die Marinade mit Obstessig.

**Tipp:** Kräftig gewürzter Schafskäse oder marinierter Tofu passen gut zu den weißen Bohnen. Wer es exotisch liebt, ergänzt den Salat durch eine klein geschnittene Banane und ersetzt den Knoblauch durch etwas klein geschnittenen frischen Ingwer.

Da das Auge bekanntlich mitisst, spielt auch die Farbkombination eine wichtige Rolle und selten wirkt sie interessanter als bei der folgenden rot-weiß-grün-gelben Variante.

## Bunter Bohnensalat

| | |
|---|---|
| 150 g Kidneybohnen | und |
| 150 g weiße Bohnen | mit |
| jeweils 750 ml Wasser | nach Grundrezept zubereiten (S. 11), abtropfen und abkühlen lassen. |
| 150 g tiefgefrorene Maiskörner | nach Vorschrift auftauen. |
| 1 rote Zwiebel | und |
| 1 Knoblauchzehe | fein hacken und |
| 50 g Rucola | von den Stielen befreien. Rucolablätter, Zwiebel und Knoblauch zusammen mit den Maiskörnern zu den Bohnen geben. |
| 3 EL hellen Balsamico-Essig | mit |
| Salz, frisch gemahlenem weißen Pfeffer | und |
| 6 EL Olivenöl | gut verrühren, mit den Bohnen und dem Gemüse mischen und 15 Minuten durchziehen lassen. Mit |
| Schnittlauch | bestreut servieren. |

**Tipp:** Statt Rucola können Sie auch eine grüne Paprika verwenden oder die Maiskörner durch eine gelbe Paprika ersetzen.

**Tipp:** Verwenden Sie auf keinen Fall einen dunklen Essig, er würde das farbige Gesamtbild trüben.

Der Lieblingsblattsalat meiner Frau, ganzjährig erhältlicher Eissalat, verbindet sich hier mit den eiweißreichen Sojabohnen zu einem gehaltvollen Gericht, das beispielsweise mit Küchle oder Bratlingen ein vollwertiges Abendessen ergibt.

## Eissalat mit Sojabohnen

| | |
|---|---|
| 60 – 75 g Sojabohnen | mit |
| jeweils 375 ml Wasser | zum Kochen und Einweichen nach Grundrezept zubereiten (S. 13). |
| 2 – 3 EL Öl | erhitzen, |
| | die gekochten Sojabohnen mit |
| 1 EL körniger Gemüsebrühe | und |
| Salz | ins Öl geben und unter Rühren anrösten. |
| 1 Kopf Eissalat | in etwa 2 cm breite Streifen schneiden. |
| 1 – 2 Möhren | und |
| 1 kleinen Kohlrabi | grob raspeln und |
| 5 cm Lauchstange | in dünne Ringe schneiden. Gemüse und warme Sojabohnen zum Eissalat geben. |
| | Aus |
| 2 EL Apfelessig, | |
| 2 EL Wasser, | |
| 4 EL Olivenöl, | |
| Salz, Pfeffer, | |
| Ingwer und Paprikapulver | sowie |
| frisch gehacktem Thymian | eine Marinade herstellen, über den Salat gießen, gut durchrühren, einige Minuten ziehen lassen und servieren. |

**Tipp:** Wer will, kann noch ein bis zwei Esslöffel Sonnenblumenkerne dazugeben und damit den Fettanteil etwas erhöhen.

Gekeimte Hülsenfrüchte sind nicht nur besonders gesund, sondern schmecken auch außerordentlich lecker. Man kann sie vielseitig verwenden, ganz einfach auf einem mit Butter bestrichenen, frischen Vollkornbrot oder in Salaten.

## Chinakohl mit Keimlingen

| | |
|---|---|
| 60 – 75 g Mungbohnen | zum Keimen bringen (S. 15, entspricht 150 g fertigen Keimlingen). |
| 1 kleinen Chinakohl | in gut 1 cm breite Streifen schneiden, |
| 1 Möhre | grob raspeln und alles mit den gekeimten Mungbohnen in eine Schüssel geben. |
| ½ Salatgurke | in grobe Stücke schneiden und mit |
| 2 EL Gemüsebrühe | fein pürieren. |
| | Die pürierte Gurke mit |
| 1 EL Obstessig, | |
| 3 EL Sonnenblumenöl, | |
| 2 EL Crème fraîche, | |
| Kräutersalz | und |
| frisch gemahlenem | |
| weißen Pfeffer | gut vermischen, über das Gemüse geben, gut durchmischen und einige Minuten ziehen lassen. Dann mit |
| 2 EL gehackter | |
| Zitronenmelisse | bestreut servieren. |

**Tipp:** Sie können auch gekeimte Linsen verwenden.

Wieder ein typischer Sommersalat mit frischen Erbsen und Bohnen. Für einen Salat ist er zwar etwas aufwändig, aber davor sollten Sie nicht zurückschrecken.

## Marinierter Gemüsesalat

| | |
|---|---|
| 300 g ausgepalte frische Markerbsen | und |
| 200 g grüne Bohnen | in |
| 1 l Gemüsebrühe | gut 20 Minuten weich kochen. Gemüsebrühe abgießen und für die spätere Verwendung aufbewahren. |
| 1 kleinen Blumenkohl | in Röschen teilen und im Gemüsesieb über |
| Gemüsebrühe | 5 – 10 Minuten dünsten. |
| 1 rote Zwiebel | und |
| 150 g Champignons | in dünne Scheiben schneiden. Zwiebel und Champignons zusammen mit |
| 100 g gemischten, grünen und schwarzen Oliven | zu den Erbsen und Bohnen geben. Aus |
| 5 EL Olivenöl, 3 EL Kräuteressig, Estragon, Kerbel, Cayennepfeffer, Kräutersalz, Pfeffer | und |
| ½ Bund Petersilie | im Mixer eine Marinade herstellen, über das Gemüse geben, gut mischen und zugedeckt einige Stunden durchziehen lassen. Mit |
| Schnittlauch | bestreut servieren. |

**Tipp:** Sie können auch getrocknete und nach dem Grundrezept zubereitete Bohnen und Erbsen verwenden.

**Tipp:** Statt Blumenkohl eignen sich auch Artischockenherzen oder andere Gemüsearten.

Wenn es mal schnell gehen soll, können Sie für diesen Salat tiefgefrorene Erbsen verwenden, natürlich eignen sich auch getrocknete, nach dem Grundrezept zubereitete Erbsen.

## Apfel-Erbsen-Salat

| | |
|---|---|
| 300 g frische oder tiefgekühlte Erbsen | 8 Minuten in |
| 150 ml Salzwasser | kochen, anschließend abtropfen und abkühlen lassen. |
| 150 g Champignons Margarine | halbieren oder vierteln und in kurz anbraten. |
| 3 EL Öl, 1 EL Apfelessig, Salz Pfeffer | und zu einer Marinade verrühren. |
| 2 Äpfel | mit Schale, aber ohne Kerngehäuse würfeln und mit der Marinade übergießen. |
| 1 Tomate | kurz überbrühen, häuten und grob würfeln. |
| 1 Zwiebel | in Ringe schneiden, mit der gewürfelten Tomate, den Pilzen und den Erbsen zu den Äpfeln geben und alles gut durchmischen. |
| 1 Bund Petersilie | klein hacken und den Salat damit bestreuen. |

**Tipp:** Die Pilze schmecken in diesem Salat auch roh ganz köstlich.

**Tipp:** Statt den Pilzen oder zusätzlich zu diesen können Sie dem Salat gewürfelten Hartkäse oder Schafskäse beimischen.

Für Kartoffelsalat gibt es fast unendlich viele Rezeptvarianten, natürlich auch einige mit Hülsenfrüchten. Die folgende Variante mit Erbsen schmeckt fast so gut wie mein Lieblingsrezept, wie Sie es in meinem schwäbischen Kochbuch finden, also mit Sieglinde-Kartoffeln und gutem Leinöl.

## Kartoffel-Erbsen-Salat

| | |
|---|---|
| 90 – 100 g getrocknete Erbsen | mit |
| 300 – 350 ml Wasser | nach dem Grundrezept zubereiten (S. 17). |
| 400 g Kartoffeln | gut 20 Minuten kochen, dann abschrecken, schälen und in ganz kleine Würfel schneiden. |
| 200 g Möhren | würfeln und zusammen mit den gekochten Erbsen zu den Kartoffeln geben. |
| 1 kleine Zwiebel | sehr fein würfeln. Zwiebelwürfel mit |
| 3 EL Olivenöl, | |
| 3 EL Apfelessig, | |
| 3 – 4 EL Joghurt, | |
| Kräutersalz und Pfeffer | mischen, über die Kartoffeln und das Gemüse geben, alles gut durchmischen und mit |
| 2 EL Sesamsamen | bestreuen. Nach einigen Minuten servieren. |

**Tipp:** Den Joghurt können Sie auch durch Mayonnaise ersetzen.

**Tipp:** Bei größeren Kartoffeln sollten Sie durch Einstechen mit einem spitzen Gegenstand prüfen, ob sie schon weich sind, gegebenenfalls noch einige Minuten länger kochen.

**Tipp:** Gut macht es sich, wenn Sie rote, in Streifen geschnittene Paprika zufügen. Wer es gerne scharf mag, kann zusätzlich eine klein geschnittene frische Peperoni zugeben.

Bananen eignen sich ähnlich wie Äpfel vorzüglich für pikante Gerichte und zählen deshalb zu meinen bevorzugten Zutaten, gerade auch für Salate.

# Reissalat mit Bananen und Erbsen

| | |
|---|---|
| 150 g Basmatireis | in |
| etwa 350 ml Wasser | aufkochen und 20 – 30 Minuten köcheln lassen, bis der Reis weich ist. Dann das Wasser durch ein Sieb abgießen und den Reis im Sieb mit kaltem Wasser abschrecken. |
| 125 g frische oder tiefgefrorene Erbsen | in |
| wenig Wasser | 8 – 10 Minuten garen. |
| 1 Banane | in Scheiben schneiden, |
| 125 g Sellerie | fein raspeln und |
| 125 g Möhren | grob raspeln. Erbsen, Banane, Sellerie und Möhren mit dem Reis mischen. |
| 4 EL Joghurt, 1 TL mittelscharfen Senf, einige Tropfen Sojasauce, 1 EL hellen Balsamico-Essig, 3 EL Sahne, Salz, Curry und Ingwer | zu einer Marinade verrühren. Marinade über den Salat gießen und einige Minuten ziehen lassen. Mit |
| Schnittlauch | bestreut servieren. |

**Tipp:** Ich liebe diesen Salat noch etwas warm an heißen Sommerabenden.

**Tipp:** Mischen Sie statt Sellerie fein geschnittenen Lauch unter den noch heißen Reis.

Für den folgenden Salat nehme ich gekochte Kichererbsen, doch Sie können diese Hülsenfrüchte auch gekeimt und anschließend blanchiert mit den Paprikawürfeln mischen.

##  Kichererbsensalat mit Paprika

| | |
|---|---|
| 200 g Kichererbsen<br>800 ml Einweichwasser<br>670 ml Kochwasser | mit<br>und<br>nach Grundrezept zubereiten (S. 19). Nach dem Kochen das Wasser abgießen und die Kichererbsen abkühlen lassen. |
| 2 grüne, 1 rote und<br>1 gelbe Paprika | zunächst in Streifen und anschließend in Würfel schneiden. Kichererbsen und Paprikawürfel mischen. Aus |
| 3 EL Obstessig,<br>½ TL Honig,<br>5 EL Sonnenblumenöl,<br>Salz, Pfeffer und Majoran | eine Marinade herstellen und diese gut verrühren. Marinade über die Kichererbsen und die Paprika gießen und alles gut vermengen. 15 Minuten durchziehen lassen und nochmals durchmischen. Abschließend nochmals abschmecken und servieren. |

**Tipp:** Wenn Sie Kichererbsen auf Vorrat einweichen und kochen und anschließend nur für pikante Gerichte verwenden, können Sie noch ein Bund Suppengrün und eine halbierte Zwiebel ins Kochwasser geben. Entfernen Sie das Suppengrün und die Zwiebel vor dem Weiterverwenden der Kichererbsen.

**Tipp:** Ersetzen Sie das reine Paprikagemüse durch jeweils eine rote und grüne Paprikaschote und 125 g Maiskörner.

Linsen sind meine absoluten Lieblinge und für alle Zwecke optimal geeignet, dies gilt nicht nur für den Winter, sondern auch für den Sommer, wie dieser Salat eindrucksvoll beweist.

## Sommersalat mit Linsen

| | |
|---|---|
| 75 g braune oder schwarze Linsen | |
| 250 ml Wasser | mit nach dem Grundrezept kochen (S. 21). |
| 1 Frühlingszwiebel | in dünne Ringe schneiden, |
| ½ Gurke | in dünne Scheiben schneiden, |
| 1 großen roten Rettich | grob raspeln, |
| 1 kleine gelbe Paprika | in dünne Streifen schneiden und |
| 2 – 3 Tomaten | achteln. Das zerkleinerte Gemüse mit den gekochten Linsen mischen. Aus |
| 3 EL Balsamico-Essig, 3 EL Wasser, 6 EL Sonnenblumenöl, Salz, Paprikapulver, Pfeffer | und |
| 1 TL geriebenem frischem Ingwer | eine Marinade herstellen, über die Linsenmischung geben und alles gut durchmischen. Einige Minuten durchziehen lassen und mit |
| klein geschnittenem Schnittlauch | bestreut servieren. |

**Tipp:** Wer will, kann noch 100 g gewürfelten Schafs- oder Hartkäse dazugeben, auch frische oder kurz in Butter zusammen mit der Frühlingszwiebel angebratene Champignons schmecken in diesem Salat sehr gut.

**Tipp:** Im Winter kann man das Sommergemüse durch geraspelte Möhren und Kohlrabi sowie klein geschnittenen Chinakohl ersetzen und statt Ingwer ein bis zwei geriebene Knoblauchzehen unterziehen.

Und zum Schluss nochmals Kartoffeln.

# Bunter Kartoffelsalat mit Tofuwürfeln

| | |
|---|---|
| 500 g fest kochende Kartoffeln | in |
| 1 l Salzwasser | aufkochen und je nach Größe in 25 – 30 Minuten weich kochen. |
| 1 Zwiebel | fein würfeln, in |
| 20 – 30 g Butter | anbraten, |
| 3 – 4 EL Gemüsebrühe | dazugießen und einige Minuten dünsten lassen. |
| | Die Kartoffeln schälen, in dünne Scheiben schneiden und mit der heißen Zwiebelgemüsebrühe übergießen. |
| | Aus |
| 4 EL Öl, 2 EL Apfelessig, Salz, Pfeffer und frisch geriebenem Muskat | eine Marinade herstellen, über die Kartoffeln geben und alles gut durchmischen. |
| 5 cm Gurke | in feine Scheiben schneiden, |
| 1 Rettich | raspeln und |
| 1 – 2 Tomaten | achteln. |
| | Das zerkleinerte Gemüse zusammen mit |
| 200 g angebratenen Tofuwürfeln (S. 132) | zu den Kartoffeln geben, mischen, einige Minuten ziehen lassen, gegebenenfalls noch Essig und Öl im oben genannten Verhältnis dazugeben und nachwürzen. Lauwarm servieren. |

# Suppen

Bei Hülsenfrüchten würde selbst der Suppenkasper schwach. Sicher würde er die folgenden Suppen nicht zurückweisen, sondern eher nach mehr verlangen und sich öfter mal eine Suppenmahlzeit wünschen.

Knoblauch ist gesund, doch nicht jedermanns Sache. Für die nächste Suppe müssen Sie schon ein ganz überzeugter Knoblauchfan sein. Dann aber schmeckt Ihnen die Suppe besonders köstlich. Achten Sie jedoch darauf, dass alle, die mitessen, genauso wie Sie auch genügend davon essen und dass Sie selbst am nächsten Tag keine wichtigen auswärtigen Termine haben. Dabei habe ich die Menge des Knoblauchs gegenüber dem Originalrezept bereits halbiert.

## Ägyptische Bohnensuppe

| | |
|---|---|
| 250 g Sojabohnen | über Nacht einweichen, Wasser abgießen, Bohnen abspülen und in |
| 750 ml frischem Wasser | aufkochen lassen. |
| 2 Knoblauchzehen | und |
| 1 Lorbeerblatt | dazugeben, nochmals aufkochen und 90 – 120 Minuten köcheln lassen, bis die Bohnen ganz weich sind. |
| 4 Knoblauchzehen | fein hacken, dann mit |
| 1 EL Kreuzkümmelsamen | und |
| Kräutersalz | zerstoßen. |
| 3 Zwiebeln | mittelfein würfeln und mit der Hälfte der Knoblauchmischung in |
| 2 – 3 EL Margarine oder Butter | anbraten. Angebratene Zwiebeln nach Ablauf einer guten Stunde Kochzeit zu den Sojabohnen geben und die restliche Zeit mitkochen lassen. Nach dem Kochen das Lorbeerblatt entfernen und die Bohnen mit der Flüssigkeit grob pürieren oder durch ein Sieb streichen. Dann die restliche |

| | |
|---|---|
| Kräutersalz | Knoblauchmischung unterrühren und mit abschmecken. |
| 1 Zitrone | vierteln und zum individuellen Würzen der Suppe auf den Tisch stellen. |

**Tipp:** Braune oder schwarze Linsen sind schmackhafte Alternativen.

**Tipp:** Wer möchte, kann während der letzten zehn Kochminuten gewürfeltes oder klein geschnittenes Gemüse wie Möhren, Lauch oder Sellerie zu den Bohnen geben und mitkochen lassen.

Durchaus etwas gewöhnungsbedürftig ist das Aussehen dieser Suppe, dafür überrascht dann der Geschmack umso angenehmer.

## Bohnensuppe

| | |
|---|---|
| 300 g schwarze Bohnen | über Nacht in |
| 1,5 l Wasser | einweichen. |
| 1 EL körnige Gemüsebrühe | in das Einweichwasser geben, aufkochen und bei schwacher Hitze 90 Minuten köcheln lassen. Danach gut die Hälfte der Bohnen aus der Flüssigkeit nehmen und nicht zu fein pürieren, dabei gegebenenfalls etwas Kochflüssigkeit zugeben. |
| 1 Stange Lauch | in dünne Scheiben schneiden, |
| 1 Knoblauchzehe | zerdrücken, |
| 1 grüne Pfefferschote | klein hacken und alles in einem größeren Topf mit |
| 3 EL Öl | leicht anbraten. Die pürierten Bohnen und die restlichen Bohnen mit der restlichen Kochflüssigkeit dazugeben, mit |
| Cayennepfeffer | und |
| Kräutersalz | würzen und bei schwacher Hitze nochmals gut 10 Minuten kochen lassen. Einige |
| Pfefferminzblätter | klein schneiden und die Suppe vor dem Servieren damit bestreuen. |

**Tipp:** Natürlich eignen sich andere Bohnensorten ebenso gut und Sie können statt Lauch auch eine große Gemüsezwiebel verwenden.

Wenn Sie gleich etwas mehr Erbsen vorbereiten, als Sie für die folgende Suppe benötigen, können Sie mit dem Rest einen leckeren Brotaufstrich zaubern (S. 136).

## Erbsensuppe

| | |
|---|---|
| 200 g getrocknete grüne Erbsen | über Nacht in Wasser einweichen, Einweichwasser abgießen und Erbsen abtropfen lassen. |
| 1 Zwiebel | fein würfeln und in |
| 2 – 3 EL Sonnenblumenöl | kurz anbraten. Dann |
| 600 ml Gemüsebrühe | zugießen und erhitzen. |
| 1 – 2 Kartoffeln | schälen und in Scheiben schneiden, mit den Erbsen in die Gemüsebrühe geben und gut 20 Minuten köcheln lassen. Anschließend alles im Mixer fein pürieren und in den Topf zurückgeben. Mit |
| Salz, Pfeffer, Muskat, Paprikapulver Oregano oder Majoran | und kräftig würzen. |
| 1 kleine Möhre | grob raspeln, dazugeben, alles nochmals aufkochen und einige Minuten köcheln lassen, gegebenenfalls noch etwas Flüssigkeit dazugeben und heiß servieren. |

**Tipp:** Braten Sie zusammen mit der Zwiebel noch etwas fein geschnittenen frischen Ingwer oder eine klein geschnittene Knoblauchzehe an.

**Tipp:** Für eine nicht tierisch-eiweißfreie Alternative braten Sie die Zwiebel in Butter an, geben Sie zum Schluss ein bis zwei Esslöffel Sahne in die Suppe und streuen Sie nach dem Servieren noch geriebenen Parmesan über die Suppe.

Neben dem Fernen Osten sind die Hülsenfrüchte insbesondere auch in Nordafrika und Arabien zu Hause, so dass wir dort viele wundervolle Rezepte finden.

## Marokkanische Gemüsesuppe

| | |
|---|---|
| 100 g getrocknete Erbsen | und |
| 100 g braune Linsen | zusammen über Nacht in |
| 1 l Wasser | einweichen, anschließend im Einweichwasser aufkochen und 45 Minuten köcheln lassen. |
| 2 rote Zwiebeln | klein würfeln und in |
| 60 g Butter | kurz anbraten. |
| 4 Tomaten | kurz überbrühen, häuten und in größere Stücke schneiden. |
| 150 g Sellerie | grob würfeln und zusammen mit den Tomaten zu den Zwiebeln geben und unter Rühren kurz mitbraten. Wenn die Erbsen und Linsen 30 Minuten gekocht haben, die Gemüsemischung dazugeben und die restliche Zeit mitkochen lassen. Mit |
| Cayennepfeffer, Ingwer, Kümmel, gemahlenem Koriander, Safran | und |
| 1 EL Gemüsebrühe | würzen. 5 Minuten vor Ende der Kochzeit |
| 2 EL Dinkelgrieß | über die Suppe streuen und gut verrühren. Vor dem Servieren |
| 1 TL Zitronensaft | einrühren und mit |
| Kräutersalz | und |
| Pfeffer | abschmecken. |

**Tipp:** Statt Tomaten und Sellerie eignet sich auch anderes Gemüse wie Kürbis, Kohlrabi oder klein geschnittener Weißkohl.

Eine köstliche Suppe für alle, die es wie ich besonders scharf gewürzt lieben. Wenn es einem Ihrer Gäste vielleicht zu scharf wird, dann stellen Sie einfach ein Schälchen mit Joghurt, saurer Sahne oder Crème fraîche dazu und jeder kann den für ihn richtigen Schärfegrad individuell am Tisch herstellen. Auch ein Klacks Sahne wirkt hier Wunder.

## Rote, scharfe Linsensuppe

| | |
|---|---|
| 300 g braune Linsen | 60 Minuten in |
| 2 l Gemüsebrühe | einweichen, im Einweichwasser aufkochen und 30 Minuten köcheln lassen. Anschließend mit |
| gemahlenem Koriander und Kreuzkümmel, | und |
| Ingwer, Paprikapulver und Cayennepfeffer | und würzen. |
| 1 getrocknete Chilischote | dazugeben und weitere 15 Minuten leicht kochen lassen. |
| 1 Zwiebel | fein würfeln, |
| 1 Knoblauchzehe | fein schneiden und beides in |
| 1 EL Öl | kurz anbraten. |
| 300 g Tomaten | kurz überbrühen, häuten, pürieren, zusammen mit der angebratenen Zwiebel und dem Knoblauch in die Suppe geben und in 15 Minuten weich kochen. Anschließend |
| 100 ml roten Traubensaft | dazugeben und mit |
| Kräutersalz und Pfeffer | abschmecken. |

**Tipp:** Bei roten Linsen können Sie auf das Einweichen verzichten.

**Tipp:** Statt Tomaten können Sie auch fein geriebene Möhren in die Suppe geben. Wer es sahniger liebt, kann den Traubensaft durch saure Sahne oder Crème fraîche ersetzen.

Da die gequollenen Kichererbsen in einer Suppe oft als zu groß empfunden werden, kommen sie meist püriert in die Suppe. Doch dies muss nicht sein, ich ziehe es vor, wenn ein Teil der Kichererbsen ganz bleibt.

## Kichererbsensuppe

| | |
|---|---|
| 80 – 100 g Kichererbsen | mit |
| 400 ml Einweichwasser | und |
| 550 ml Kochwasser | nach Grundrezept vorbereiten und kochen (S. 19). |
| 1 Zwiebel | fein würfeln und in einem größeren Topf mit |
| 2 EL Olivenöl | anbraten. |
| 1 Möhre, | |
| 100 g Sellerie | und |
| 100 g Petersilienwurzel | grob reiben und kurz mitbraten. |
| 100 ml Gemüsebrühe | dazugeben und aufkochen lassen. Die gekochten Kichererbsen noch heiß mit 200 ml des übrigen Kochwassers pürieren oder durch ein Sieb streichen und zum Gemüse geben, das Ganze mit |
| Kräutersalz, Thymian, Paprikapulver und Pfeffer | würzen, knapp 10 Minuten köcheln lassen und bei Bedarf noch Gemüsebrühe dazugeben. |
| Schnittlauch | in feine Ringe schneiden und vor dem Servieren über die Suppe streuen. |

**Tipp:** Wer möchte, gibt noch eine gequetschte oder klein geschnittene Knoblauchzehe dazu.

**Tipp:** Geben Sie vor dem Servieren ein bis zwei Esslöffel saure oder süße Sahne in die Suppe, auch Joghurt oder pürierter Tofu eignen sich.

Cremig wird es auch mit Tofu, ganz besonders, wenn Sie den in vielen Reformhäusern oder Naturkostläden erhältlichen Seidentofu verwenden.

## Tofucremesuppe mit Nüssen

| | |
|---|---|
| 1 Zwiebel | fein würfeln, |
| 1 Stange Lauch | in dünne Scheiben schneiden und |
| 150 g Tofu | würfeln. Alles in |
| 3 – 4 EL Erdnussöl | anbraten und einige Minuten schmoren, dann |
| 1 l Gemüsebrühe | dazugeben und gut 5 Minuten bei geringer Hitze kochen lassen. Mit |
| Salz, Curry, Ingwer | und |
| wenig Honig | würzen und zusammen mit |
| 50 ml saurer Sahne | pürieren. |
| 80 g gemahlene Haselnüsse | dazugeben, nochmals erwärmen, aber nicht kochen und servieren. |

**Tipp:** Tierisch-eiweißfrei wird das Rezept, wenn man statt Sahne beispielsweise Apfelsaft nimmt.

**Tipp:** Noch feiner schmeckt die Suppe mit Walnüssen, auch Kokosraspel machen sich gut.

# Eintöpfe und Currys

Hülsenfrüchte werden oft ausschließlich auf ihre Verwendung in Eintöpfen reduziert und gelten daher zwar als schmackhaft, aber auch etwas langweilig. Doch die folgenden Rezepte werden Ihnen zeigen, dass Eintöpfe raffiniert sein können und mehr als reine Hausmannskost bieten.

Aufwändig und gut – aufgrund der vielen unterschiedlichen Zutaten können Sie mit diesem Gericht bei Ihren Gästen oder Ihrer Familie viel Lob einheimsen.

## Spanischer Gemüsetopf

| | |
|---|---|
| 2 Knoblauchzehen | in feine Scheiben schneiden, |
| 1 große Zwiebel | in dünne Scheiben schneiden und beides in einem großen Schmortopf mit |
| 4 – 5 EL Olivenöl | kurz anbraten. |
| 200 g Möhren | in 1 cm dicke Scheiben schneiden und |
| 200 g Stangenbohnen | in 2 – 3 cm lange Stücke brechen. |
| 300 g Kartoffeln | schälen und in dicke Scheiben schneiden und mit den Möhren und Bohnen zu den Zwiebeln geben. Unter Rühren 5 Minuten dünsten. |
| 200 g Champignons | vierteln und kurz mitbraten, dann |
| 200 ml Gemüsebrühe | dazugeben. |
| 300 g Fleischtomaten | kurz überbrühen, häuten und in grobe Stücke schneiden, mit |
| Salz, edelsüßem Paprikapulver, frisch gemahlenem Pfeffer | und |
| 2 Lorbeerblättern | im offenen Topf unter gelegentlichem Rühren bei geringer Hitze 45 Minuten schmoren lassen, gegebenenfalls noch etwas Gemüsebrühe zugeben. Zuletzt |
| 300 g frische Markerbsen | dazugeben und zugedeckt weitere 15 Minuten köcheln lassen, dabei gelegentlich umrühren. Die Flüssigkeit sollte stark eingekocht sein. Mit |
| schwarzen oder grünen Oliven | servieren. |

**Tipp:** Statt Markerbsen können Sie auch Zuckerschoten verwenden.

**Tipp:** Mögen Sie die Möhren noch knackig, dann geben Sie diese erst mit den Erbsen in den Topf.

**Tipp:** Die Schmorzeit verkürzt sich deutlich, wenn Sie gekochte Kartoffeln verwenden.

**Tipp:** Im Sommer können Sie noch frischen Spargel und Artischockenboden gemeinsam mit den Erbsen in den Eintopf geben.

**Tipp:** Wer möchte, garniert den Gemüsetopf mit geviertelten, hart gekochten Eiern.

Ein für den Balkan typischer Gemüseeintopf ist der folgende Bohneneintopf, der aus den Donauniederungen Rumäniens stammt.

 ## Rumänischer Bohneneintopf

| | |
|---|---|
| 100 g braune Bohnen | und |
| 100 g weiße Bohnen | in einer Schüssel mit |
| 1,25 l Wasser | gut 12 Stunden quellen lassen. |
| 1 rote Zwiebel | würfeln, |
| 1 Knoblauchzehe | zerdrücken und beides in einem größeren Topf mit |
| 2 EL Olivenöl | etwa 3 Minuten anbraten. Dann die Bohnen mit dem Einweichwasser darübergießen, mit |
| Kräutersalz | und |
| Thymian | würzen und 90 Minuten zugedeckt kochen lassen. |
| 200 g frische grüne Bohnen | und |
| 200 g frische Wachsbohnen | gegebenenfalls abfädeln, der Länge nach einmal durchbrechen und nach einer Kochzeit von 70 Minuten dazugeben. |
| 2 – 3 Stängel Bohnenkraut | auf die Bohnen legen und fertig kochen, zum Schluss noch |
| 1 TL Zitronensaft | unterrühren. |

**Tipp:** Zu diesem Eintopf passen Küchle aus Getreide oder Hülsenfrüchten. Vor dem Servieren können Sie noch gebratene Tofuwürfel dazugeben.

**Tipp:** Statt der vier verschiedenen Bohnensorten können Sie natürlich auch nur zwei oder drei verschiedene Sorten verwenden oder die Bohnen durch Erbsen, Kichererbsen oder Sojabohnen ersetzen.

Indische Eintöpfe werden meist als Curry bezeichnet und mit Reis oder Fladen serviert, hier eine besonders nahrhafte Variante.

## Kartoffel-Bohnen-Curry

| | |
|---|---|
| 1 Zwiebel | fein würfeln und mit |
| 1 TL geriebenem Ingwer | sowie |
| 1 klein geschnittenen Knoblauchzehe | in |
| 2 – 3 EL Butter | anbraten. |
| ½ TL Zwiebelsamen, einige Korianderkörner | und |
| 1 getrocknete Chilischote | kurz mitbraten, dann |
| 1 l Gemüsebrühe | zugießen. |
| 500 g Kartoffeln | schälen und in dünne Scheiben schneiden oder klein würfeln und |
| 500 g grüne Bohnen | gegebenenfalls abfädeln und in 3 cm lange Stücke brechen. Kartoffeln und Bohnen in die Gemüsebrühe geben, alles aufkochen und gut 25 Minuten köcheln lassen. |
| 250 g Rettich | nicht zu klein würfeln und die letzten 10 Minuten mitkochen lassen. Mit |
| Salz, Pfeffer, Paprikapulver Cayennepfeffer | und kräftig würzen. Vom Herd nehmen und mit Reis servieren. |

**Tipp:** Wenn Ihnen die Chilischote zu scharf zum Essen ist, sollten Sie diese nach Möglichkeit vor dem Servieren entfernen.

**Tipp:** Wenn Ihnen das Curry zu flüssig ist, rühren Sie noch ein bis zwei Esslöffel Maismehl oder Dinkelgrieß unter. Wenn es Ihnen zu scharf ist, können Sie Joghurt dazu servieren oder zwei bis drei Esslöffel Joghurt in das Curry einrühren.

Ursprünglich kommt dieses deftige Gericht vom Niederrhein, aber heute schätzt man es in ganz Deutschland und darüber hinaus.

##  Sauerkraut mit weißen Bohnen

| | |
|---|---|
| 250 g weiße Bohnen | in |
| 1 l Wasser | über Nacht einweichen. Bohnen im Einweichwasser 45 Minuten kochen lassen. In der Zwischenzeit |
| 500 g Sauerkraut | klein schneiden und zusammen mit |
| 10 Wacholderbeeren | sowie |
| 5 schwarzen Pfefferkörnern | zu den Bohnen geben und weitere 15 bis 20 Minuten kochen lassen. |
| 2 rote Zwiebeln | würfeln, in einer Pfanne mit |
| Erdnussöl | anbraten, gut bräunen lassen, über das fertige Sauerkraut geben und servieren. |

**Tipp:** Dazu schmecken Salzkartoffeln oder auch Kartoffelpüree.

**Tipp:** Rote Bohnen oder Azukibohnen statt der weißen Bohnen ergeben ein optisch interessantes Gericht, wobei ich dann allerdings normale weiße Zwiebeln statt der roten verwende.

Dem russischen Borschtsch nachempfunden ist das folgende Rezept, für das sich besonders gut grüne Bohnen eignen. Gibt es keine frischen Bohnen, können auch getrocknete verwendet werden.

##  Rote-Bete-Eintopf mit Bohnen

| | |
|---|---|
| 1 l Gemüsebrühe | aufkochen. |
| 400 g Kartoffeln | schälen, in grobe Würfel schneiden, in die kochende Brühe geben und 10 Minuten köcheln lassen. In der Zwischenzeit |
| 300 g Rote Bete | stifteln oder klein würfeln, |
| 200 g grüne Bohnen | schräg in Stücke schneiden, |
| 1 Bund Suppengrün | grob zerkleinern und |
| 100 g Weißkohl | in Streifen schneiden. Das Gemüse mit |
| etwas Bohnenkraut | zu den Kartoffeln geben und nochmals 10 Minuten garen. Vor dem Servieren |
| 2 Tomaten | und |
| 100 g Salatgurke | in Scheiben schneiden und vorsichtig untermischen. Mit |
| 1 – 2 TL Sojasauce, | |
| 1 – 2 EL Obstessig | und |
| Kräutersalz | abschmecken. |

**Tipp:** Wer will, kann noch gewürfelten und gegebenenfalls angebratenen Tofu vor dem Servieren dazugeben.

Als ich mich vor vielen Jahren erstmals mit der Vollwerternährung beschäftigte, habe ich mit meiner Frau Ingrid einen entsprechenden Vollwertkochkurs mitgemacht und am ersten Abend gab es ein Gericht mit Azukibohnen. Es schmeckte mir überhaupt nicht, doch der Kursleiter betonte, dass diese Hülsenfrüchte besonders gesund seien. »Gesund vielleicht, aber lieber weniger gesund und dafür schmackhaft, so was esse ich nie – Vollwerternährung ist nichts für mich«, erklärte ich meiner Frau nach dem Kurs. Doch hartnäckig wie Frauen sein können, überredete sie mich, wenigstens den zweiten Abend noch mitzumachen. Wieder gab es Hülsenfrüchte, die so hart waren, dass man sich fast die Zähne daran ausgebissen hätte. Und für mich war klar: einmal, eigentlich ja zweimal – dann aber nie wieder.

Doch Ingrid ließ nicht locker, stöberte in vielen Vollwertkochbüchern und stellte schließlich fest, dass der Kursleiter einfach – aus welchen Gründen auch immer, vielleicht aus Zeitmangel – die Bohnen nicht richtig zubereitet hatte. So versuchten wir ein neues Rezept mit Azukibohnen: Richtig zubereitet sind diese Bohnen einfach ein Gedicht und ich war mit der Vollwertküche versöhnt.

Das folgende Gericht zeigt Ihnen, warum.

## Indisches Kürbiscurry mit Azukibohnen

| | |
|---|---|
| 300 g Azukibohnen | in |
| 1 l Wasser | über Nacht einweichen. Bohnen im Einweichwasser mit |
| ½ TL Ingwer | aufkochen und etwa 60 Minuten garen. |
| 500 g Hokkaidokürbis | würfeln. |
| 1 Zwiebel | fein würfeln und mit |
| 1 klein geschnittenen frischen Peperoni | |
| 3 EL Sonnenblumenöl | in einem größeren Topf mit anbraten, dann die Kürbiswürfel dazugeben. |
| 125 ml Tomatensaft | und den |

| | |
|---|---|
| Saft einer ½ Zitrone | dazugießen und 10 Minuten zugedeckt dünsten. |
| 2 Knoblauchzehen | grob hacken, mit |
| Kurkuma, Kreuzkümmel, Nelken, Piment | und |
| Zimt | mischen und in |
| 2 EL Margarine | kurz anbraten. Gewürzmischung, Bohnen und Kürbis mischen, gegebenenfalls etwas Bohnenkochwasser zugeben, damit das Curry nicht zu dick wird, und bei geringer Hitze noch 5 Minuten durchziehen lassen. |
| 2 EL Kokosraspel | ohne Fett in der Pfanne goldgelb rösten und vor dem Servieren über das Curry streuen. |

**Tipp:** Statt der Verwendung von fertigem Gewürzpulver können Sie Kreuzkümmel, Nelken und Piment auch frisch in einem Mörser zerstoßen.

**Tipp:** Statt Kürbis eignet sich Zucchini und statt Bohnen können Sie auch Kichererbsen verwenden.

**Tipp:** Der Hokkaidokürbis hat nicht nur den feinsten Geschmack, vor allem wird die scheinbar so harte Schale beim Kochen so weich, dass Sie den Kürbis vorher nicht schälen müssen.

Obwohl Mungbohnen überwiegend gekeimt verwendet werden, schmecken sie auch gekocht sehr gut und vor allem entfällt bei ihnen die lange Einweich- und Kochzeit. Daher lässt sich das folgende Gericht relativ schnell zubereiten.

## Mungbohnen-Curry

| | |
|---|---|
| 250 g Mungbohnen | in |
| 600 ml Wasser | aufkochen und 20 Minuten köcheln lassen. |
| 1 kleine Zwiebel | mit |
| 1 EL klein geschnittenem Ingwer | und |
| 1 – 2 getrockneten Chilischoten | in einem größeren Topf mit |
| 2 – 3 EL Erdnussöl | anbraten. |
| 300 g Hokkaidokürbis | grob raspeln oder in kleine Würfel schneiden und kurz mitbraten. |
| Paprikapulver, Ingwer, Koriander | und |
| Kardamom | in ein Schüsselchen geben, mit |
| 1 EL Wasser | verrühren und über das Kürbisgemüse gießen. Dann |
| 150 ml Gemüsebrühe | dazugeben und gut 5 Minuten bei geringer Hitze kochen lassen. Danach die Mungbohnen ohne das Kochwasser dazugeben, mit |
| Kräutersalz | und |
| Pfeffer | kräftig würzen und alles nochmals 5 Minuten kochen lassen. Vor dem Servieren |
| ½ TL Sojasauce | dazugeben. |

**Tipp:** Dazu schmeckt vorzüglich Gewürzreis oder Basmatireis mit Erbsen.

**Tipp:** Wenn das Curry zu flüssig ist, rühren Sie noch gemahlene Nüsse, Dinkelgrieß, Kichererbsen- oder Maismehl unter.

**Tipp:** Wer gerne indisch kocht, hat sicher die Gewürzmischung Garam Masala, selbst zusammengestellt oder fertig gekauft, im Hause. Sie passt alternativ ebenfalls gut statt der verwendeten Gewürze oder zusätzlich zur Abrundung des Geschmacks zu diesem Curry.

**Tipp:** Statt Kürbis eignen sich Zucchini und andere Gemüsesorten wie Blumenkohl oder Möhren.

Wie schon der exotische Name zeigt, handelt es sich um einen orientalischen Eintopf. Pilaw ist ein Gericht auf Basis von Reis und wird »Pilau« ausgesprochen.

## Pilaw mit Azukibohnen

| | |
|---|---|
| 200 g Azukibohnen | über Nacht in |
| 500 – 600 ml Wasser | einweichen |
| | und im Einweichwasser gut 60 Minuten kochen. |
| 200 g Naturreis | 30 Minuten einweichen und anschließend 30 Minuten kochen, während der letzten 15 Minuten noch |
| 2 EL Rosinen | und |
| 2 EL Pinienkerne | mitkochen lassen. |
| 1 – 2 Knoblauchzehen | zerdrücken und mit |
| 1 Bund fein gehackter Petersilie, Ingwer, Kurkuma, Kreuzkümmel, Fenchelsamen, Piment rosenscharfem Paprika | und mischen. |
| 1 Zwiebel | fein würfeln. Die Zwiebel und die Gewürzmischung in |
| 2 EL Erdnussöl | anbraten. |
| 2 Tomaten | kurz überbrühen, häuten, grob würfeln und kurz mitbraten. Die Tomaten-Gewürz-Mischung und den Reis zu den Bohnen geben und bei kleiner Hitze noch 15 Minuten durchziehen lassen, gegebenenfalls etwas Gemüsebrühe zugeben. Mit |
| Petersilie | bestreut servieren. |

**Tipp:** Wer will, kann noch ein bis zwei getrocknete Chilischoten dazugeben, je nach Wunsch vor dem Servieren entfernen, frische Peperoni schneide ich vorher klein.

Joghurt schmeckt vorzüglich in einem Eintopf, allerdings sollten Sie aufpassen, dass das Gericht nicht mehr kocht, wenn Sie den Joghurt dazugeben. Sonst kann es zu Ausflockungen kommen, die zwar den Geschmack kaum beeinflussen, aber nicht besonders schön aussehen.

## Sojabohnen in Joghurt

| | |
|---|---|
| 120 – 150 g Sojabohnen | mit |
| jeweils 600 – 750 ml Wasser | zum Kochen und Einweichen nach Grundrezept zubereiten (S. 13). Kochwasser anschließend nicht wegschütten. |
| 1 Zwiebel | und |
| 2 cm Ingwerwurzel | fein würfeln und |
| 1 Knoblauchzehe | fein schneiden. Alles in |
| 2 – 3 EL Butter | anbraten. |
| Kardamom und Koriander | kurz mitbraten. |
| ½ kleinen Weißkohlkopf | in dünne Streifen schneiden, |
| ½ Blumenkohl | in Röschen teilen und beides mit |
| 1 getrockneten Chilischote | zu der Zwiebel-Gewürz-Mischung geben und dann mit |
| 250 ml Gemüsebrühe | aufkochen. Die Hälfte der gekochten Sojabohnen mit etwas Kochwasser pürieren. Pürierte Bohnen zusammen mit den restlichen ganzen Bohnen und |
| 250 g Joghurt | zum Gemüse in den Topf geben und gut 10 Minuten bei schwacher Hitze unter Rühren auf dem Herd belassen, es darf nicht mehr kochen. Mit |
| Salz, Pfeffer und Paprika | kräftig würzen. Vom Herd nehmen, |
| 1 EL Sahne | unterrühren und sofort servieren. |

**Tipp:** Servieren Sie das Gericht als Beilage zu Küchle oder einem Kartoffelgratin.

Besonders herzhaft ist der folgende Eintopf, der sich auch gut bei einem Grillfest oder einer Party warm halten lässt. In diesem Fall müssen Sie gegebenenfalls gelegentlich etwas Gemüsebrühe nachgießen.

## Erbseneintopf

| | |
|---|---|
| 300 g getrocknete Erbsen | über Nacht in |
| 700 ml Wasser | einweichen. |
| 1 – 2 EL körnige Gemüsebrühe, | |
| 5 – 6 Pfefferkörner | und |
| 5 – 6 Korianderkörner | in das Einweichwasser geben, erhitzen und bei kleiner Hitze 80 – 90 Minuten köcheln lassen. |
| 1 – 2 Zwiebeln | in dünne Scheiben schneiden und kurz mit |
| 1 TL schwarzen Zwiebelsamen | in |
| 2 EL Öl | anbraten. |
| 500 g Kartoffeln | schälen, würfeln und nach etwa 60 – 70 Minuten Kochzeit zu den Erbsen geben und mitkochen lassen. |
| 1 kleine Möhre, 100 g Sellerie | und |
| 1 kleine Stange Lauch | klein schneiden und zusammen mit den angebratenen Zwiebeln gut 10 Minuten vor Ende der Kochzeit zu den Erbsen und Kartoffeln geben und mitkochen lassen. In den letzten Minuten noch |
| 1 Bund klein geschnittene Petersilie | dazugeben und kräftig mit |
| Majoran, Thymian, | |

Kräutersalz und Pfeffer würzen. Mit frisch geriebenem Muskat und gemahlenen Fenchelsamen abschmecken und servieren.

**Tipp:** Geben Sie gekochte Maronen oder angebratene Pilze dazu, sehr gut eignen sich auch in Öl und Sojasauce marinierte Tofuwürfel.

Etwas ungewöhnlich mag vielen die Kombination von Reis und Linsen in einem Eintopf erscheinen, vor allem wenn man berücksichtigt, dass unter anderem mit Zimt gewürzt wird, der sonst überwiegend eher bei Süßspeisen zum Einsatz kommt. Aber gerade der Zimt lässt im folgenden Gericht das Aroma der anderen Gewürze besonders deutlich in Erscheinung treten.

## Linsenreis mit Gemüse

| | |
|---|---|
| 200 g braune Linsen | mit |
| 200 g Naturreis | und |
| 1 EL geriebenem Ingwer, | |
| 2 – 3 Nelken | und |
| 1 Stück Zimtrinde | in |
| 600 ml warmem Wasser | einige Stunden einweichen. Anschließend aufkochen und bei schwacher Hitze gut 30 – 40 Minuten weich kochen. Danach die Zimtrinde und die Nelken herausnehmen. |
| 1 Zwiebel | fein würfeln und in |
| 2 – 3 EL Öl | anbraten. |
| 200 g Fenchel | in dünne Streifen schneiden und |
| 100 g Kohlrabi | grob raspeln. Zwiebel, Fenchel und Kohlrabi 5 – 10 Minuten vor dem Ende der Kochzeit zu Linsen und Reis geben und mitkochen lassen. Mit |

1 EL körniger Gemüsebrühe,
Salz, Pfeffer, Cayennepfeffer
(oder Chili),
frisch geriebenem Muskat,
Koriander und

| | |
|---|---|
| Kreuzkümmel | kräftig würzen. Gegebenenfalls noch Wasser zugießen, damit der Eintopf die entsprechende Konsistenz erhält. Mit |
| frischem, klein geschnittenem Schnittlauch | bestreut servieren. |

**Tipp:** Verwenden Sie anderes Gemüse wie Sellerie, Lauch oder Möhren, auch frische Erbsen eignen sich gut.

**Tipp:** Beim Einweichen können Sie auch noch ein bis zwei Kardamomkapseln dazugeben und zur Zwiebel noch eine fein gehackte Knoblauchzehe geben.

Die kleinen schwarzen Beluga-Linsen, die sich auch gut für Aufstriche eignen, sind besonders aromatisch. Sie haben zudem den Vorteil, dass sie nicht eingeweicht werden müssen und eine verhältnismäßig kurze Kochzeit haben.

## Sahne-Linsen mit Maronen

| | |
|---|---|
| 500 g Kartoffeln | schälen, klein würfeln und mit |
| 250 g Beluga-Linsen | in |
| 600 ml Gemüsebrühe | aufkochen. Mit |
| Majoran | und |
| Oregano | würzen und gut 20 Minuten köcheln lassen. |
| 200 g vorgekochte Maronen | halbieren und 5 Minuten vor Ende der Kochzeit zu den Linsen und Kartoffeln geben. Zum Schluss |
| 100 ml saure Sahne | unterrühren und mit |
| Kräutersalz, Pfeffer | und |
| Paprikapulver | abschmecken. Mit |
| klein gehackter Petersilie | bestreut servieren. |

**Tipp:** Statt saurer Sahne, die nicht mehr gekocht werden darf, weil sie sonst ausflockt, können Sie auch süße Sahne verwenden. Auch Joghurt kann untergerührt werden, wenn man den Topf vorher vom Herd nimmt.

**Tipp:** Auch Ingwer eignet sich zum Würzen dieses Gerichtes, dazu Koriander, Nelken und Kardamom.

Natürlich darf mein absolutes Lieblingslinsenrezept, nach Art meiner Mutter, nicht fehlen.

## Schwäbischer Linsentopf

| | |
|---|---|
| 300 g braune Linsen | mit |
| 1 l Wasser | nach dem Grundrezept zubereiten (S. 21). |
| 200 g Möhren | und |
| 200 g Sellerie | fein reiben und |
| 200 g Lauch | fein schneiden. |
| | 10 Minuten vor dem Ende der Kochzeit der Linsen das Gemüse, |
| 2 Lorbeerblätter, Salz | und |
| 1 – 2 EL körnige Gemüsebrühe | dazugeben und fertig kochen. Vom Herd nehmen, |
| 2 – 3 EL Obstessig | und |
| 30 g Butter | unterrühren und sofort servieren. |

**Tipp:** Dazu passen Hefeknöpfle, das sind – für Nicht-Schwaben – kleine, in Scheiben geschnittene oder besonders geformte Hefeklöße. Natürlich schmecken auch – nicht ganz so aufwändig herzustellen wie die Hefeknöpfle – Vollkornspätzle sehr gut dazu, vielleicht sogar gekaufte, obwohl es einem Schwaben bei fertig gekauften Spätzle natürlich fast das Herz im Leibe umdreht.

**Tipp:** Wenn Sie das Gemüse knackig spüren wollen, nehmen Sie eine mittlere oder grobe Reibe oder schneiden Sie die Möhren in dünne Scheiben.

**Tipp:** Geben Sie zusätzlich am Ende der Kochzeit eine zerkleinerte angebratene rote Zwiebel zu den Linsen.

Dieses Kapitel möchte ich mit einem Rezept aus der indischen Küche abschließen, das sich besonders gut für alle Currys eignet. Mit Raita lassen sich selbst sehr scharfe Currys den individuellen Schärfevorlieben anpassen. Ganz ähnlich können Sie auch Tzaziki verwenden.

## Raita

| | |
|---|---|
| 200 g Joghurt | mit |
| Kräutersalz, Pfeffer | und |
| Kreuzkümmel | mild würzen. |
| ½ Zwiebel | sehr fein hacken und |
| 100 g Gurke | fein raspeln. Beides unter den Joghurt rühren und 60 Minuten im Kühlschrank durchziehen lassen. |
| ½ Bund Schnittlauch | in feine Ringe schneiden und den Joghurt damit bestreuen. Das Ganze zu Curry und Reis servieren. |

**Tipp:** Nehmen Sie statt Gurke klein gewürfelte Tomaten oder bei einer größeren Menge Joghurt auch beides. Geben Sie vielleicht noch eine grob geraspelte, gekochte Kartoffel dazu.

**Tipp:** Hervorragend schmeckt der Joghurt auch, wenn er pikanter und schärfer zubereitet wird, beispielsweise mit klein geschnittenen Peperoni oder mit Chili.

**Tipp:** Wer möchte, gibt noch ein bis zwei zerdrückte Knoblauchzehen dazu.

# Küchle & Co.

Küchle und Bratlinge passen besonders gut zu Salaten oder Pürees und Gemüse und ersetzen bei vielen Mahlzeiten die sonst übliche Fleischbeilage. Sie schmecken auch kalt, beim Wandern, beim Picknick oder bei einem Buffet. Gerne nehme ich Senf oder ein Chutney dazu. Küchle und Bratlinge lassen sich gut einfrieren, so dass man leicht eine größere Menge braten oder backen kann. Häufig werden sie auch mit Käse überbacken serviert.

Pakora heißen die folgenden Küchlein in Indien, man serviert sie meist als Vorspeise mit verschiedenen Saucen oder Chutneys. Man kann sie unterschiedlich zubereiten, entweder mit klein geschnittenem oder geraspeltem Gemüse oder als panierte und ausgebackene Gemüsescheiben.

## Kichererbsenküchle

| | |
|---|---|
| 120 g Kichererbsenmehl | mit |
| 300 ml warmem Wasser | mischen und etwa 30 Minuten quellen lassen, die Konsistenz des Teiges sollte etwa der eines Pfannkuchenteiges entsprechen. Wenn Sie Gemüsescheiben verwenden (Variante 1), darf der Teig etwas dickflüssiger sein als bei geraspeltem Gemüse (Variante 2). Mit |
| Salz, Pfeffer, Paprikapulver, Kardamom, Kreuzkümmel, Chili | und |
| 1 TL geriebenem Ingwer | würzen und |
| ½ sehr fein geschnittene Zwiebel | unterheben. |

**Variante 1:**

| | |
|---|---|
| 200 – 300 g Gemüse wie Zucchini, Auberginen, Pilze, Zwiebeln oder Blumenkohl | in 5 – 8 mm dicke Scheiben schneiden und die Gemüsescheiben in den Kichererbsenteig tauchen. In einer Pfanne |
| 1 – 2 EL Erdnussöl | erhitzen und die Gemüsescheiben bei mäßiger Hitze auf jeder Seite 4 – 5 Minuten braten. |

**Variante 2:**

| | |
|---|---|
| 300 g gemischtes Gemüse wie Zucchini, Möhren, Kohlrabi, Zwiebeln, Blumenkohl oder Sellerie | |
| 1 – 2 EL Erdnussöl | |

300 g gemischtes Gemüse wie Zucchini, Möhren, Kohlrabi, Zwiebeln, Blumenkohl oder Sellerie nicht zu fein raspeln, zum Kichererbsenteig geben und gut vermischen. In einer Pfanne 1 – 2 EL Erdnussöl erhitzen. Mit dem Löffel kleine Häufchen des Gemüseteigs in die Pfanne geben, glatt streichen und bei mäßiger Hitze auf beiden Seiten etwa 4 Minuten braten, zum Bräunen kurzfristig auf große Hitze schalten.

**Tipp:** Sie können die Küchle auch in der Fritteuse ausbacken.

**Tipp:** Geben Sie nach Belieben noch ein bis zwei geriebene oder klein geschnittene Knoblauchzehen dazu.

Oft wird bei vegetarischer Ernährung zu Unrecht vermutet, man würde zu wenig Eiweiß zu sich nehmen: Beim folgenden Rezept ist dies ganz gewiss nicht der Fall, denn es handelt sich um ein sehr eiweißreiches Rezept, das ganz hervorragend schmeckt, warm ebenso gut wie kalt. Gerne nehmen wir die Küchle auf einer unserer Wanderungen mit und genießen sie dann in der wunderschönen Natur.

## Bohnenküchle

| | |
|---|---|
| 150 g Sojabohnen | mit |
| jeweils 750 ml Wasser | zum Kochen und Einweichen nach dem Grundrezept kochen und gut abtropfen lassen (S. 13). |
| 100 g Haselnüsse | und |
| 150 g Bergkäse | fein reiben und mit |
| 150 g Semmelbröseln | mischen. Mit |
| Basilikum, Kräutersalz, Cayennepfeffer | und |
| Curry | kräftig würzen, die Sojabohnen und |
| 2 – 3 Eier | dazugeben und gründlich verkneten. |
| 2 – 3 EL Erdnussöl | in der Pfanne erhitzen, 2 cm dicke Küchle formen, wobei die Sojabohnen guten Halt haben sollten. Küchle beidseitig jeweils 5 Minuten knusprig durchbraten. |

**Tipp:** Statt Brösel können Sie Roggenmehl nehmen, auch andere Hartkäse- oder Nusssorten schmecken gut.

**Tipp:** Geben Sie zusätzlich frischen Schnittlauch, Zwiebel oder Lauch in den Teig, auch geriebene Möhren sind möglich und mit Roter Bete können Sie die Küchle noch färben.

Beim folgenden Rezept mit Kichererbsen können Sie auf Eier verzichten. Obwohl die Zubereitung ganz anders als beim vorigen Rezept ist und die Bratlinge auch deutlich anders schmecken, passt sowohl zu den Küchle als auch zu den Bratlingen immer ein Chutney.

##  Kichererbsen-Pilz-Bratlinge

| | |
|---|---|
| 120 g Kichererbsen | mit |
| 500 ml Einweichwasser | und |
| 400 ml Kochwasser | nach Grundrezept zubereiten (S. 19) und etwas Kochwasser zurückbehalten. |
| | 200 g der gekochten Kichererbsen mit wenig Kochwasser pürieren, dann die restlichen gekochten Kichererbsen unpüriert dazugeben (etwa 50 g). |
| 1 Zwiebel | fein würfeln und in |
| 2 – 3 EL Öl | anbraten. |
| 100 g Champignons | klein würfeln und einige Minuten zusammen mit der Zwiebel braten, eventuell |
| 1 – 2 EL Gemüsebrühe | dazugießen. |
| | Die Zwiebel-Pilz-Mischung zusammen mit |
| 100 g Semmelbröseln | zu den Kichererbsen geben, mit |
| Salz, Pfeffer, scharfem Paprikapulver, frisch geriebenem Muskat, Majoran | |
| Sojasauce | und kräftig würzen und alles gut durchkneten. In einer Pfanne |
| 2 EL Öl | erhitzen, 6 – 8 Bratlinge formen und beidseitig jeweils 4 – 5 Minuten knusprig braten. Warm servieren. |

Die Kombination Linsen mit Reis habe ich Ihnen schon als Eintopf vorgestellt, doch auch als Grundlage für Küchle ist sie perfekt.

## Linsen-Reis-Küchle

| | |
|---|---|
| 200 g braune Linsen | mit |
| 200 g Naturreis | und |
| 1 EL geriebenem Ingwer, | |
| 2 – 3 Nelken | und |
| 1 Stück Zimtrinde | in |
| 600 ml warmem Wasser | einige Stunden einweichen. Anschließend aufkochen und bei schwacher Hitze gut 30 – 40 Minuten weich kochen. Danach die Zimtrinde und die Nelken herausnehmen. |
| 1 kleine Lauchstange | in dünne Ringe schneiden. |
| 100 g Zucchini | fein raspeln, beides kurz in |
| Öl | anbraten und zum Linsenreis geben. |
| 50 – 100 g Maismehl | je nach Konsistenz des Linsenreises unterrühren und gut verkneten, der Teig sollte gut formbar sein. Mit |
| Salz, Garam Marsala, Pfeffer, Chili, Paprikapulver, Oregano | und |
| Sojasauce | kräftig würzen. Küchle von 1,5 – 2 cm Dicke formen. In einer Pfanne |
| 2 – 3 EL Öl | erhitzen und die Küchle auf jeder Seite etwa 4 – 5 Minuten braten, dabei die Hitze gegebenenfalls reduzieren. |

**Tipp:** Mit einem zusätzlichen Ei im Teig halten die Küchle besser zusammen.

**Tipp:** Statt Maismehl können Sie auch Kichererbsenmehl, Dinkelgrieß oder Semmelbrösel verwenden, auch geriebener Käse schmeckt sehr gut.

Nochmals Linsen und doch ganz anders.

## Quark-Linsen-Bratlinge

| | |
|---|---|
| 150 g Beluga-Linsen | in |
| 375 ml Wasser | aufkochen und etwa 20 – 25 Minuten köcheln lassen, bis das ganze Wasser aufgesogen ist. |
| 250 g Quark | mit |
| 1 EL körniger Gemüsebrühe, Salz, Pfeffer, Paprikapulver, Sojasauce | und |
| Majoran | kräftig würzen. Die gekochten Linsen, |
| 1 Ei | und |
| 80 – 100 g Semmelbrösel | zum Quark geben und alles gut verkneten. Bratlinge mit einer Dicke von 1,5 cm formen. |
| 2 – 3 EL Öl | in einer Pfanne erhitzen und die Bratlinge bei mittlerer Hitze in der Pfanne auf beiden Seiten gut 5 Minuten braten. Heiß servieren. |

**Tipp:** Das Rezept eignet sich auch für rote Linsen, statt Semmelbrösel kann man Dinkelgrieß oder gemahlene Nüsse verwenden.

**Tipp:** Geben Sie klein geschnittenes oder geraspeltes und leicht gedünstetes Gemüse wie Möhren, Lauch, Blumenkohl oder Weißkohl, kurz gebratene fein gehackte Zwiebel sowie Ingwer oder Knoblauch dazu.

Kartoffeln sind sehr vielfältig einsetzbar und auch für Bratlinge geradezu perfekt geeignet, wie hier mit Tofu und etwas Gemüse.

## Kartoffel-Tofu-Bratlinge

| | |
|---|---|
| 300 g gekochte Kartoffeln | vom Vortag durch die Kartoffelpresse drücken oder mit einem Kartoffelstampfer zerdrücken. |
| 200 g Tofu | pürieren oder fein zerdrücken. |
| 1 Frühlingszwiebel | in feine Ringe schneiden und in |
| 2 EL Öl | anbraten. |
| 1 Möhre | fein reiben, zur Frühlingszwiebel geben und kurz mitbraten. Dann |
| 2 EL Gemüsebrühe | dazugeben und 2 – 3 Minuten dünsten lassen. Tofu, Gemüse und |
| 100 g Maismehl | zu den Kartoffeln geben und mit der Hand verkneten. Mit |
| ½ TL Sojasauce, Salz, Pfeffer, Paprikapulver, Kurkuma | und |
| frisch geriebenem Muskat | kräftig würzen. Aus dem Teig etwa 8 – 10 Bratlinge mit einer Dicke von 1,5 – 2 cm formen. |
| 2 – 3 EL Öl | in der Pfanne erhitzen und die Bratlinge bei mittlerer Hitze auf beiden Seiten gut 5 Minuten goldgelb braten. Warm servieren. |

**Tipp:** Der Teig lässt sich auch mit Dinkelgrieß oder Weizenmehl statt mit Maismehl binden, zusätzlich können Sie die Küchle auch mit klein geschnittenem Lauch oder fein geriebenem Kohlrabi verfeinern.

**Tipp:** Verwenden Sie pürierten und anschließend angebratenen Tofu (S. 133). Oder ersetzen Sie die Frühlingszwiebel durch eine halbe bis ganze rote Zwiebel.

Nochmal ein Tofubratling, jetzt aber mit Getreide. Für diese Variante können Sie fast alle Getreidearten verwenden, ich habe mich hier für Grünkern entschieden.

## Tofu-Grünkern-Bratlinge

| | |
|---|---|
| 150 g Grünkern | mittelgrob schroten. |
| 350 ml Gemüsebrühe | aufkochen, den Schrot unter Rühren langsam hineingeben und auf der ausgeschalteten Herdplatte etwa 30 Minuten quellen lassen. |
| 1 Zwiebel | fein würfeln und in |
| 2 EL Erdnussöl | anbraten. |
| 200 g Tofu | pürieren oder mit der Gabel gut zerdrücken, kurz mit der Zwiebel anbraten und mit |
| Paprikapulver, Macis | und |
| Schabzigerklee | würzen. Angebratenen Tofu anschließend mit dem gequollenen Schrot mischen. Tofu-Schrot-Mischung mit |
| Kräutersalz, Pfeffer | und |
| ½ TL Sojasauce | kräftig würzen. 8 – 10 Bratlinge mit einer Dicke von 1,5 – 2 cm formen. |
| Etwas Erdnussöl | erhitzen und die Bratlinge darin zunächst auf hoher Stufe, dann bei heruntergeschalteter Temperatur und zugedeckt auf beiden Seiten braten und heiß oder kalt servieren. |

**Tipp:** Geben Sie noch eine fein geriebene Möhre oder 100 g geriebene Zucchini dazu.

**Tipp:** Etwas fester werden die Bratlinge, wenn Sie zusätzlich ein Ei und 30 – 50 g Dinkelgrieß, Semmelbrösel, Nüsse oder Kichererbsenmehl dazugeben.

Eigentlich hatte ich dieses Kapitel bereits beendet, als mir glücklicherweise ein Missgeschick bei der Erprobung eines anderen Rezeptes passierte und ich überlegen musste, wie ich die verschiedenen Zutaten noch verwenden könnte. Hier das Ergebnis:

##  Kichererbsen-Kartoffel-Küchle

| | |
|---|---|
| 250 g Kichererbsenmehl | mit |
| 6 – 7 EL Sonnenblumenöl, | |
| 100 ml Gemüsebrühe | und |
| 20 g Hefe | gut verkneten, dann mindestens eine halbe Stunde ruhen lassen. |
| 100 g gekochte Kartoffeln | schälen und durch die Kartoffelpresse drücken oder mit einem Kartoffelstampfer zerdrücken. |
| 1 Zwiebel | fein hacken und in |
| 2 EL Öl | goldgelb braten. Anschließend Kichererbsenteig, Kartoffelbrei und Zwiebel mischen, mit |
| Kräutersalz, Pfeffer, frisch geriebenem Muskat, Oregano, Majoran | und |
| Sojasauce | kräftig würzen und mit der Hand verkneten. Aus der Masse 8 Bratlinge formen. In der Pfanne |
| etwas Öl | erhitzen und die Küchle auf jeder Seite bei mittlerer Hitze gut 5 Minuten braten. Warm oder kalt servieren. |

**Tipp:** Mischen Sie noch fein geraspelte Möhren oder Kohlrabi in den Teig oder versuchen Sie die Küchle mit zerkleinertem Blumenkohl. Die Konsistenz der Küchle sollte dadurch jedoch nicht zu weich werden.

Ich möchte dieses Kapitel mit zwei Rezepten abschließen, die ganz besonders gut zu den Küchle und Bratlingen passen, bei einem Picknick, bei einem Buffet oder einfach, um diese Gerichte geschmacklich abzurunden.

Als Fan der indischen Küche liebe ich Chutneys ganz besonders und stelle sie deshalb gerne auch selbst her. Dabei versuche ich immer, weitere Vorlieben wie die für Johannisbeeren bei der Zubereitung eines neuen Chutneys zu verwirklichen.

## Johannisbeer-Chutney

| | |
|---|---|
| 2 Zwiebeln | grob würfeln und |
| 2 – 3 cm Ingwerwurzel | fein schneiden. Beides in |
| 30 g Butter | anbraten. |
| 80 g rote Johannisbeeren, | |
| 1 getrocknete Chilischote, | |
| 1 Kardamomkapsel | und |
| einige Koriander- | und |
| Zwiebelsamen | dazugeben und 3 – 4 Minuten braten. Dann die Kardamomkapsel und nach Wunsch auch die Chilischote herausnehmen. |
| 1 TL Honig | unterrühren und alles pürieren. Nochmals kurz erhitzen und mit |
| Pfeffer, Salz, Cayennepfeffer, Kurkuma, Garam Marsala | und |
| Sojasauce | kräftig würzen. In ein Glas mit Schraubverschluss füllen und abkühlen lassen. |

**Tipp:** Sie können statt Johannisbeeren auch Mango oder Stachelbeeren nehmen.

Senf kann man in allen Variationen im Laden kaufen, aber auch selbst herstellen und damit seinen Gästen etwas ganz Besonderes bieten.

## Selbst gemachter Senf

| | |
|---|---|
| 3 EL gemahlene gelbe Senfsaat | und |
| 2 EL Kichererbsenmehl | mit |
| 125 ml Wasser | gut verrühren. Anschließend mit |
| 2 TL Ingwer, | |
| 1 TL körniger Gemüsebrühe, | |
| 1 TL Salz, | |
| Paprikapulver, | |
| Cayennepfeffer, | |
| frisch geriebenem Muskat, | |
| schwarzem Pfeffer, | |
| ½ TL Sojasauce | und |
| 1 TL Honig | kräftig würzen und 10 – 15 Minuten quellen lassen. Gegebenenfalls etwas |
| Wasser | dazugeben, so dass eine dünnflüssige Masse entsteht. Diese im Wasserbad aufkochen, etwa 10 – 15 Minuten köcheln und danach etwas abkühlen lassen. Anschließend in ein Glas mit Schraubverschluss geben. Nach dem Auskühlen in den Kühlschrank stellen und dort im verschlossenen Glas einige Tage durchziehen lassen. Nach dem Öffnen innerhalb weniger Tage verbrauchen. |

**Tipp:** Die gelbe Farbe können Sie mit etwas Kurkuma oder Safran noch verstärken.

**Tipp:** Die Zugabe von je einer Prise Zimt und Piment intensiviert den Geschmack.

**Tipp:** Die Schärfe lässt sich durch mehr oder weniger Cayennepfeffer oder Chili steuern, möchten Sie eher einen süßen Senf, erhöhen Sie die Honigmenge entsprechend.

**Tipp:** Sie können den Ingwer auch ganz oder teilweise durch andere Gewürze ersetzen und erhalten so jeweils eine andere Geschmacksrichtung.

# Hauptgerichte

Stellen wir die Hülsenfrüchte in den Mittelpunkt unserer Mahlzeit: Aufläufe, vegetarische Braten, pikante Kuchen, Pizza und vieles mehr, lassen Sie sich einfach überraschen.

Handelt es sich bei der folgenden Pastete mehr um einen Auflauf oder doch eher um einen Kuchen? Diese Frage ist gar nicht so leicht zu beantworten. Doch die richtige Antwort ist weniger wichtig als die Tatsache, dass die Pastete einfach schmeckt.

## Bohnenpastete

| | |
|---|---|
| 120 – 150 g weiße Bohnen | mit |
| 750 ml Wasser | nach dem Grundrezept zubereiten und etwas Kochwasser zurückbehalten (S. 11). Die gekochten weißen Bohnen mit wenig Kochwasser pürieren oder durch die feine Scheibe des Wolfs drehen. |
| 2 – 3 Frühlingszwiebeln | fein hacken und zu den Bohnen geben. |
| 1 Zwiebel | fein hacken und in |
| 2 EL Butter | anbraten. |
| 1 – 2 Möhren | fein raspeln, zur Zwiebel geben und kurz mitbraten. Zwiebel und Möhren ebenfalls zu den Bohnen geben. |
| 2 Eier | leicht verquirlen und zusammen mit |
| 2 EL gehackter Petersilie, | |
| 150 g Semmelbröseln | und |
| 100 ml Sahne | mit den Bohnen mischen. Mit |
| Salz, Pfeffer, Koriandersamen, Basilikum | und |
| Thymian | kräftig würzen. Eine runde Auflaufform oder eine runde Kuchenform mit einem Durchmesser von 26 cm gut mit |

Butter oder Margarine einfetten, die Masse darin gleichmäßig verteilen und mit Alufolie oder einem Deckel abdecken. Bei 200 °C etwa 45 – 50 Minuten backen. Heiß servieren.

**Tipp:** Sie können die Pastete auch abkühlen lassen und kalt servieren.

**Tipp:** Verwenden Sie statt Semmelbröseln Kichererbsenmehl oder gemahlene Nüsse.

**Tipp:** Die Masse eignet sich auch für Bratlinge: Nehmen Sie hierfür jedoch nur 50 ml Sahne und mischen Sie zusätzlich so viele gemahlene Nüsse unter, bis ein fester, formbarer Teig entsteht. Formen Sie Bratlinge und braten Sie diese auf beiden Seiten gut fünf Minuten. Geben Sie nach Belieben noch etwas geriebenen Käse dazu oder überbacken Sie die Bratlinge mit Käse.

Wenn ich wenig Zeit habe, um das Abendessen vorzubereiten, greife ich gerne auf Nudeln zurück, um sie nach dem Kochen in der Pfanne weiterzuverarbeiten, sei es mit Käse, Ei, Gemüse oder wie hier mit Bohnen.

##  Vollkornnudeln mit Bohnen

| | |
|---|---|
| 100 g weiße Bohnen | mit |
| 500 ml Wasser | nach dem Grundrezept zubereiten (S. 11). Bohnenkochwasser nicht wegschütten. |
| 250 g Vollkornnudeln | nach Vorschrift in |
| Salzwasser | weich kochen. |
| 1 Zwiebel | fein würfeln und mit |
| 50 g Margarine | in einer großen Pfanne kurz anbraten. |
| 100 g geschälten Kürbis | grob raspeln und zusammen mit den gekochten weißen Bohnen und etwas Bohnenkochwasser in die Pfanne zur Zwiebel geben. Mit |
| 1 – 2 TL körniger Gemüsebrühe | würzen. Unter gelegentlichem Rühren zugedeckt dünsten lassen. Dann die Nudeln dazugeben, mit |
| Salz, Pfeffer | und |
| Paprikapulver | würzen und warm zu Salat oder Gemüsepüree servieren. |

**Tipp:** Dieses Nudelgericht enthält kein tierisches Eiweiß. Wenn Sie sich nicht tierisch-eiweißfrei ernähren, geben Sie doch zusätzlich 30 g geriebenen Parmesan und 100 g geraspelten Hart- oder Bergkäse über die Nudel-Gemüse-Mischung und lassen Sie den Käse schmelzen.

**Tipp:** Ersetzen Sie den Kürbis durch Möhren oder Zucchini.

Ich liebe Sauerkraut in allen Variationen und vor allem Aufläufe wie den folgenden:

## Sauerkrautauflauf

| | |
|---|---|
| 100 g Kidneybohnen | in |
| 700 ml Wasser | über Nacht einweichen und im Einweichwasser in 60 – 70 Minuten gar kochen. |
| 500 g fest kochende Kartoffeln | in 25 Minuten weich kochen, abschrecken, etwas abkühlen lassen, schälen und in Scheiben schneiden. |
| 500 g Sauerkraut | klein schneiden. |
| 100 g Bergkäse | würfeln. |
| 1 Apfel | schälen und entkernen, achteln, dann würfeln und mit dem Käse und den Bohnen mischen. Eine feuerfeste Auflaufform mit |
| Butter | einfetten. Abwechselnd Sauerkraut, Kartoffeln und Bohnen-Käse-Mischung einfüllen, mit einer Schicht Sauerkraut abschließen. |
| 1 Zwiebel | sehr fein würfeln oder reiben. Mit |
| 3 Eiern, 300 ml Milch, Salz, Pfeffer | und |
| frisch geriebenem Muskat | gut verrühren und über der obersten Sauerkrautschicht verteilen. |
| 50 g Butter | in Flöckchen schneiden und diese auf dem Auflauf verteilen. Auflauf etwa 45 Minuten bei 200 °C im Ofen backen. |
| 1 Bund Schnittlauch | fein schneiden und den Auflauf vor dem Servieren damit bestreuen. |

**Tipp:** Dazu schmecken Feldsalat oder Endiviensalat und eine Tomatensauce.

Wie schon erwähnt, ist die Kombination von Getreide und Hülsenfrüchten besonders wertvoll für die Ernährung. Und wenn das Ganze dann auch noch so gut schmeckt wie der folgende Auflauf – was will man mehr von einer Mahlzeit?

 ## Azukibohnen-Mais-Auflauf

| | |
|---|---|
| 250 g Azukibohnen | in |
| 1 l Wasser | über Nacht quellen lassen. Bohnen im Einweichwasser zusammen mit |
| 2 Lorbeerblättern, Salbei, Thymian | und |
| Majoran | aufkochen und in einer Stunde weich kochen. Zum Schluss mit |
| Kräutersalz | würzen. |
| 750 ml Wasser | mit |
| Salz | aufkochen, |
| 200 g Polenta (feinen Maisgrieß) | einstreuen und unter Rühren 3 – 5 Minuten kochen lassen, eventuell noch etwas Wasser nachgießen und anschließend 30 Minuten quellen lassen. |
| 2 EL gemahlene Haselnüsse | unterrühren. |
| 1 Zwiebel | klein schneiden und |
| 1 – 2 Knoblauchzehen | durch die Knoblauchpresse drücken oder sehr fein zerkleinern. Zwiebel und Knoblauch kurz in |
| 1 – 2 EL Öl | anbraten. |
| 500 g Tomaten | kurz überbrühen, häuten, vierteln, zu Zwiebel und Knoblauch geben, kurz mitbraten lassen, dabei umrühren und mit |
| Salz, Pfeffer | und |
| Basilikum | kräftig würzen. |

| | |
|---|---|
| Margarine oder Öl | Eine Auflaufform mit einfetten, die Hälfte der Polenta hineingeben, glatt streichen und die Azukibohnen darauf verteilen. Als nächste Schicht folgt die Tomatenmischung und zum Schluss die restliche Polenta. |
| Margarineflocken | auf der obersten Polentaschicht verteilen und den Auflauf etwa 40 Minuten bei 200 °C backen. |

**Tipp:** Dieser Auflauf enthält kein tierisches Eiweiß. Wenn Sie sich nicht vegan ernähren, verwenden Sie doch statt Margarine Butterflöckchen und bestreuen Sie den Auflauf zusätzlich mit 100 g geriebenem Käse oder mischen Sie geriebenen Käse unter die Polenta.

Durch das Überbacken mit Käse bekommen Erbsen eine ganz besondere Würze, auch mit mariniertem Tofu lässt sich eine ähnliche Wirkung erzielen. So wird mit einfachen Mitteln aus einer Beilage ein vorzügliches Hauptgericht.

## Überbackene Erbsen

| | |
|---|---|
| 150 g getrocknete Erbsen | mit |
| 500 ml Wasser | nach dem Grundrezept zubereiten (S. 17). |
| 300 g Kartoffeln | in leicht gesalzenem Wasser gut 25 Minuten köcheln lassen, mit kaltem Wasser abschrecken und pellen. In kleine Würfel oder 0,5 cm dicke Scheiben schneiden und mit den Erbsen mischen. Eine Auflaufform gut mit |
| Margarine | einfetten und die Erbsen-Kartoffel-Mischung gleichmäßig darin verteilen. |
| 1 rote Zwiebel | fein würfeln und in |
| 40 g Margarine | glasig dünsten. |
| 60 g Dinkel | fein mahlen, über die Zwiebel streuen und unter Rühren gut durchschwitzen lassen. |
| 250 ml Milch | unter Rühren nach und nach dazugeben und 5 Minuten köcheln lassen. Mit |
| Salz, Pfeffer | und |
| frisch geriebenem Muskat | kräftig würzen. |
| 20 g geriebenen Parmesan | in die Zwiebel-Milch-Mischung einrühren und diese anschließend über die Kartoffel-Erbsen-Mischung geben. |
| 30 g Bergkäse | grob raspeln und darüberstreuen. Bei 200 °C etwa 15 Minuten backen und zu Gemüse oder Salat servieren. |

**Tipp:** Wenn Sie statt Milch Gemüsebrühe verwenden und die Erbsen statt mit Käse mit gemahlenen Nüssen bestreuen, erhalten Sie ein Gericht ohne tierisches Eiweiß.

**Tipp:** Statt Mehl eignet sich auch Grieß und natürlich jedes andere Getreide.

Dieses Rezept ist etwas aufwändig, aber vielleicht das Richtige, wenn Sie Gäste haben oder ein Fest feiern möchten. In meinem vegetarischen Restaurant »Salatschüssel« in Heidenheim habe ich diesen Hülsenfrüchtebraten auf Gästewunsch zu einer Konfirmation serviert. Die Menge reicht für sechs bis acht Personen, und wenn etwas übrig bleibt, können Sie den Rest auch gut einfrieren.

## Hülsenfrüchtebraten

| | |
|---|---|
| 200 g Kichererbsen | mit |
| 800 ml Einweichwasser | und |
| 660 ml Kochwasser | sowie |
| 200 g Linsen | mit |
| 600 – 700 ml Wasser | nach den jeweiligen Grundrezepten zubereiten (S. 19 und 21). |
| 200 g Kartoffeln | mit der Schale in 25 Minuten weich kochen, pellen und durch die Kartoffelpresse drücken oder mit einem Kartoffelstampfer zerdrücken. |
| 200 g Sellerie | in grobe Würfel schneiden, in |
| 200 ml Gemüsebrühe | 5 – 10 Minuten kochen und anschließend zusammen mit den Kichererbsen pürieren. |
| 50 g Naturreis | weich kochen. |
| 2 – 3 Möhren | und |
| 1 Stange Lauch | im Gemüsesieb über |
| 200 ml Gemüsebrühe | bissfest dünsten. |
| 2 Eier | hart kochen. |
| 1 Zwiebel | fein würfeln und |
| 1 – 2 Knoblauchzehen | fein schneiden oder durch die Knoblauchpresse drücken. Zwiebel und Knoblauch in einer größeren Pfanne mit |
| 1 – 2 EL Öl | anbraten. |
| 1 Möhre | fein raspeln und |

| | |
|---|---|
| 1 Stange Lauch | in feine Ringe schneiden. Beides zu Zwiebel und Knoblauch geben und kurz mitbraten lassen. Kichererbsen-Sellerie-Püree dazugeben und mit |
| Chili, Koriander Kreuzkümmel, | und |
| Salz, Pfeffer | und |
| frisch geriebenem Muskat | kräftig würzen. Anschließend |
| 1 – 2 TL Zitronensaft | einrühren. |
| 2 Eier | verquirlen und mit den zerdrückten Kartoffeln, den Linsen, dem Reis und dem Püree gut vermischen. Die Hälfte der Masse in eine mit |
| Öl oder Butter | eingefettete Kasten- oder Auflaufform geben und glatt streichen. Die gedünstete Lauchstange der Länge nach halbieren, mit den gedünsteten Möhren und den geschälten, hart gekochten Eiern auf die Masse legen. Mit der restlichen Masse bedecken und diese glatt streichen. Mit |
| Öl oder flüssiger Butter | leicht bestreichen und 60 – 70 Minuten bei 200 °C im Ofen backen. Aus dem Ofen nehmen, abkühlen lassen und aus der Form nehmen. Dann in Scheiben schneiden, auf dem Backblech oder in der Pfanne nochmals erhitzen und mit Joghurt oder Crème fraîche servieren. |

**Tipp:** Da der Braten abkühlen sollte, kann man ihn gut auch schon frühzeitig vorbereiten.

**Tipp:** Wenn man den Braten warm aufschneidet, besteht die Gefahr, dass die Scheiben brechen und das Gericht nicht mehr so schön aussieht.

Gefülltes Gemüse ergibt immer eine wohlschmeckende Mahlzeit und kaum ein anderes Gemüse eignet sich dafür so gut wie Paprika.

## Gefüllte Paprika

| | |
|---|---|
| 75 g getrocknete Erbsen | mit |
| 250 ml Wasser | nach dem Grundrezept zubereiten (S. 17). |
| 150 g Naturreis | 30 Minuten in |
| 350 ml Wasser | einweichen, dann aufkochen und etwa 40 Minuten köcheln lassen. |
| 4 grüne Paprikaschoten kochendem Wasser | in kurz blanchieren, dann die Deckel abschneiden und die Samen entfernen. Den Reis und die gekochten Erbsen mit |
| 1 EL Olivenöl, 1 TL Dillspitzen, Kräutersalz und Pfeffer | vermischen und die Paprikaschoten mit der Reis-Erbsen-Mischung füllen. Die gefüllten Paprikaschoten mit |
| Basilikum | und |
| Oregano | bestreuen. |
| 400 g Tomaten | kurz überbrühen, häuten und in kleine Stücke schneiden. Die Paprikaschoten in eine flache mit |
| Öl | eingefettete Auflaufform oder Backform setzen, mit den Tomatenstücken umlegen, |
| 300 ml Gemüsebrühe | dazugießen und mit Alufolie abdecken. Zugedeckt etwa 30 Minuten bei 180 °C backen. |

**Tipp:** Die Füllung eignet sich auch für Wirsing- oder Weißkrautrollen.

Gerade überarbeite ich mein Manuskript und frage mich, was ich zum folgenden Gericht sagen, was ich schreiben könnte. Doch habe ich scheinbar gerade ein Blackout. Mir fällt einfach nichts ein. Was tun? Am besten, was Radiomoderatoren zuweilen tun, einfach drauflosreden. Vielleicht schreibe ich einfach drauflos. Oh, schon passiert. Manchmal scheinen die Finger schneller zu sein als der Kopf.

# Überbackene Kichererbsen

| | |
|---|---|
| 300 g Kichererbsen | mit |
| 1,2 l Einweichwasser | und |
| 1 l Kochwasser | nach Grundrezept zubereiten (S. 19). |
| 1 Zwiebel | fein würfeln, |
| 1 Stange Lauch | in feine Ringe schneiden und |
| 2 Möhren | grob raspeln. |
| 20 g Butter | erhitzen, die Zwiebel dazugeben und glasig dünsten. Anschließend den Lauch und die Möhren sowie |
| 50 g Crème fraîche | dazugeben und alles bei schwacher Hitze zugedeckt dünsten lassen. |
| 175 g Bergkäse | grob raspeln und |
| 50 g Walnüsse | grob hacken. Eine Auflaufform mit |
| Butter | einfetten. Die Kichererbsen mit dem gedünsteten Gemüse und 100 g des geriebenen Bergkäses mischen, mit |
| Kräutersalz, Pfeffer | und |
| Curry | würzen und in die Form füllen. |
| 150 g Crème fraîche | mit dem restlichen Käse und den Nüssen mischen und auf der Kichererbsen-Gemüse-Mischung verteilen. Im Ofen bei 200 °C etwa 30 Minuten backen. |

**Tipp:** Statt Möhren eignen sich auch Kürbis, Blumenkohl oder Sellerie, statt in Crème fraîche können Sie das Gemüse auch in Gemüsebrühe garen.

Ganz unverdient führt die Süßkartoffel bei uns immer noch ein Schattendasein. Wenn Sie den folgenden Auflauf probiert haben, werden Sie mir zustimmen und Süßkartoffeln von nun an häufiger auf den Tisch bringen.

## Süßkartoffelauflauf mit Kichererbsen

| | |
|---|---|
| 120 – 150 g Kichererbsen | mit |
| 600 ml Einweichwasser | und |
| 500 ml Kochwasser | nach Grundrezept zubereiten (S. 19). |
| 2 – 3 mittelgroße Süßkartoffeln | |
| (600 – 700 g) | in |
| Salzwasser | 20 – 25 Minuten weich kochen, dann schälen und in dünne Scheiben schneiden. |
| 1 Frühlingszwiebel | in feine Ringe schneiden und in |
| 1 – 2 EL Öl | anbraten. |
| 200 g Möhren | und |
| 300 g Zucchini | grob raspeln oder in dünne Streifen schneiden, zur Frühlingszwiebel geben und kurz mitbraten. |
| 1 TL getrockneten Majoran | und |
| 150 ml Gemüsebrühe | dazugeben und zugedeckt gut 5 Minuten köcheln lassen, dann mit |
| Kräutersalz, scharfem Paprikapulver, Koriander | und |
| schwarzem Pfeffer | würzen. Eine Auflaufform mit |
| Butter | gut einfetten. Eine Lage Süßkartoffelscheiben auf den Boden der Auflaufform legen und mit |
| Salz und Pfeffer | würzen. Das gedünstete Gemüse gut abtropfen lassen und dabei die |

|  |  |
|---|---|
|  | Gemüsebrühe auffangen. Das Gemüse auf der Süßkartoffellage verteilen, dann die gekochten Kichererbsen darübergeben und das Ganze mit einer zweiten Lage Süßkartoffeln abdecken. Die Gemüsebrühe mit |
| 500 g Magerquark, 2 – 3 Eiern 40 g geriebenem Parmesan 1 TL Sojasauce, Kräutersalz, Kreuzkümmel Paprikapulver | und verrühren, mit und kräftig würzen und über den Auflauf gießen. Bei 180 °C gut 30 Minuten im Ofen backen. Warm servieren. |

**Tipp:** Statt Möhren und Zucchini eignen sich auch Kürbis und Lauch oder Kohlrabi für diesen Auflauf.

**Tipp:** Zu den Süßkartoffeln passen auch andere gekochte Hülsenfrüchte oder gekochte Maroni.

**Tipp:** Ein Teil der Süßkartoffeln lässt sich durch normale Kartoffeln ersetzen.

Für das nachfolgende Gericht verwende ich ganze Kichererbsen. Alternativ dazu kann man die Kichererbsen nach dem Kochen auch pürieren. Dabei können die Meinungen auseinander gehen, auch bei mir zu Hause. Ich mag die Kichererbsen am liebsten nicht ganz so fein püriert, während meine Frau sie ganz fein zerkleinert vorzieht, so dass man keine Stückchen mehr spürt. Ich denke, solch unterschiedliche Vorlieben werden die meisten kennen. Hier das Grundrezept mit ganzen Kichererbsen.

## Kichererbsen mit Tomaten und Zucchini

| | |
|---|---|
| 300 g Kichererbsen | mit |
| 1,2 l Einweichwasser | und |
| 1 l Kochwasser | nach Grundrezept zubereiten und abtropfen lassen (S. 19). |
| 1 Zwiebel | fein hacken, |
| 1 Knoblauchzehe | durch die Knoblauchpresse drücken oder sehr fein zerkleinern. Beides in einer größeren Pfanne mit |
| 2 EL Olivenöl | anbraten. Die Kichererbsen zusammen mit |
| 3 EL gemahlenen Haselnüssen | zu Zwiebel und Knoblauch geben, alles gut mischen, mit |
| Salz | und |
| Pfeffer | kräftig würzen und die Pfanne von der Platte nehmen. |
| 500 g Tomaten | kurz überbrühen, häuten, Stielansätze entfernen und in 5 – 8 mm dicke Scheiben schneiden. |
| 500 g Zucchini | und |
| 250 g Mozzarella | ebenfalls in Scheiben schneiden. Eine feuerfeste Auflaufform mit |

| | |
|---|---|
| 2 EL Sonnenblumenöl | einfetten, die Kichererbsenmischung in der Form verteilen. Die Gemüse- und Käsescheiben schuppenartig auf die Kichererbsen schichten. Mit |
| Oregano, Basilikum, Salz | und |
| Pfeffer | bestreuen und |
| 1 EL Olivenöl | darüberträufeln. Bei 200 °C etwa 30 Minuten backen. |

**Tipp:** Geben Sie fünf Minuten vor dem Herausnehmen aus dem Ofen noch einige entkernte Oliven dazu oder ersetzen Sie die gemahlenen Haselnüsse durch Grünkern- oder Maismehl oder Semmelbrösel.

**Tipp:** Statt Mozzarella können Sie auch Schafskäse verwenden oder das in die Form geschichtete Gemüse mit geraspeltem Bergkäse bestreuen.

**Tipp:** Für eine Alternative ohne tierisches Eiweiß können Sie den Käse durch Tofu ersetzen.

Wenn ich die Verteilung meiner Rezepte auf die einzelnen Hülsenfrüchtearten ansehe, stelle ich fest, dass ich bisher öfter Kichererbsen als Sojabohnen verwendet habe. Soll ich für das folgende Gericht deshalb besser diese Bohnen verwenden? Möglich wäre es ohne Weiteres, auch andere getrocknete Bohnen könnte ich nehmen. Oder doch besser meine Lieblinge, die Linsen? Wofür soll ich mich entscheiden? Am besten lasse ich das Rezept wie es ist – mit Kichererbsen.

# Kichererbsenbällchen auf Möhrenpüree

| | |
|---|---|
| 150 g Kichererbsen | mit |
| 600 ml Einweichwasser | und |
| 500 ml Kochwasser | nach dem Grundrezept zubereiten und anschließend pürieren (S. 19). |
| 200 ml Gemüsebrühe | aufkochen und unter ständigem Rühren |
| 50 g Dinkelgrieß | dazugeben, einige Minuten köcheln und dann auf der ausgeschalteten Herdplatte quellen lassen, dabei gelegentlich umrühren. Pürierte Kichererbsen und Grieß mit |
| 2 EL Semmelbröseln, | |
| 2 EL gehackter Petersilie | und |
| 1 Ei | gut verkneten. Dabei mit |
| 1 zerquetschten Knoblauchzehe, | |
| 1 TL Zitronensaft, | |
| frisch geriebenem Muskat, | |
| Salz | und |
| Pfeffer | würzen und anschließend gut 20 Minuten quellen lassen. |
| 2 EL Sesamsamen | kurz anrösten. Aus der Kichererbsenmasse walnussgroße |

|   |   |
|---|---|
|  | Bällchen formen, in Sesam wenden und in |
| heißem Erdnussöl | ausbacken. Herausnehmen und auf saugfähiges Küchenpapier legen. |
| 500 g Möhren | in Stücke schneiden, in |
| 2 EL Butter | kurz anbraten, |
| wenig Wasser | dazugeben und 10 Minuten dünsten lassen. Möhren mit |
| ½ TL Honig, Salz Koriander | und würzen und zusammen mit |
| 50 ml Sahne | pürieren. Die Bällchen auf dem Püree servieren. |

**Tipp:** Sehr gerne verwende ich auch Kürbispüree oder mische etwas Sellerie zu den Möhren.

**Tipp:** Statt Kichererbsen kann man auch Sojabohnen oder Linsen verwenden.

Linsen sind überwiegend bekannt für ihre Verwendung in Eintöpfen und Suppen, doch ihr Einsatzgebiet ist sehr viel größer, wie nicht zuletzt das folgende pikante Kuchenrezept beweist. Der zweite Hauptbestandteil des Kuchens ist Bärlauch, eine Pflanze, die im Mai durch ihren Blütenreichtum und ihren intensiven Geruch im Wald ein besonderes Erlebnis darstellt und seit einigen Jahren auch in der Küche eine Renaissance erlebt.

## Linsen-Bärlauch-Torte

| | |
|---|---|
| 150 g braune Linsen | in |
| 450 ml Wasser | mindesten 2 – 3 Stunden einweichen und in 60 Minuten weich garen. |
| 100 g Bulgur | in |
| 300 ml Wasser | 15 Minuten köcheln lassen und anschließend 15 – 20 Minuten auf der ausgeschalteten Platte quellen lassen. |
| 100 g Frühlingszwiebel | in Ringe und |
| 150 g Bärlauchblätter | in schmale Streifen schneiden, die Frühlingszwiebel in einer größeren Pfanne oder einem Topf mit |
| 1 – 2 EL Öl | andünsten, den Bärlauch nur kurz dazugeben. |
| 50 g Hafer | grob mahlen oder zu Flocken quetschen. |
| 1 Möhre | fein raspeln und |
| 50 g Haselnüsse | fein mahlen. Alle Zutaten mit |
| 150 g Quark | gut vermischen. Mit |
| Basilikum, Minze, Ingwer, Macis, Piment, Zimt | und |
| Kräutersalz | kräftig würzen. |
| 2 EL fein gewiegte Petersilie | und |
| Schnittlauch | dazugeben. Eine Springform mit 26 cm Durchmesser mit |

| | |
|---|---|
| Butter | einfetten oder mit Backpapier auslegen und die Masse hineingeben. Im Ofen bei 200 °C gut 45 Minuten backen. |

**Tipp:** Geben Sie zur Füllung noch ein bis zwei Eier.

**Tipp:** Statt Bärlauch können Sie auch andere Wildkräuter wie zarte, junge Brennnesselspitzen oder Sauerampfer verwenden. Auch klein geschnittener Lauch ist – zusammen mit zwei Möhren – ein geeigneter Ersatz für Bärlauch.

Wer Linsen nur vom schwäbischen oder sonstigen Eintopf her kennt, wird von der Vielfalt der Einsatzmöglichkeiten vielleicht überrascht sein, so bekommen die Linsen im folgenden Rezept ganz eigenwillige Gesellschaft.

## Linsen in Auberginen

| | |
|---|---|
| 200 g Beluga-Linsen | und |
| 150 g Naturreis | zusammen in |
| warmem Wasser | zwei Stunden quellen lassen, dann abtropfen lassen. |
| 1 Zwiebel | fein würfeln und in |
| 1 EL Öl | anbraten. Den Linsenreis in einem Topf kurz mit |
| 2 EL Öl | anbraten, danach |
| 500 ml Gemüsebrühe | dazugießen und zusammen mit |
| 1 TL frisch geriebenem Ingwer, | |
| 1 Zimtstange | und |
| 1 – 2 Nelken | etwa 45 Minuten bei kleiner Hitze weich kochen, gegebenenfalls noch etwas Brühe dazugießen. Den Linsenreis mit |
| Chili, Salz | und |
| Pfeffer | würzen. |
| 1 rote Paprika | in schmale Streifen schneiden und |
| 1 kleine Banane | mit der Gabel zerdrücken. Paprika und Banane nach einer Kochzeit von etwa 40 Minuten zum Linsenreis geben und die letzten 5 Minuten mitkochen lassen. Zum Schluss die gebratene Zwiebel untermischen und die Zimtstange und die Nelken herausnehmen. |

| | |
|---|---|
| 2 mittelgroße Auberginen | längs halbieren, mit der Schnittfläche nach unten auf ein gefettetes Backblech legen, im Ofen bei 200 °C etwa 10 Minuten backen und herausnehmen. Das Fruchtfleisch aus den Hälften lösen, dabei zur Schale hin einen Rest Fruchtfleisch von 1 cm Dicke stehen lassen. Das herausgelöste Fruchtfleisch klein hacken und zum Linsenreis geben. Die ausgehöhlten Hälften mit etwas |
| Kräutersalz | bestreuen, in eine gefettete Auflaufform geben und mit dem Linsenreis füllen. |
| 200 g Tomaten | kurz überbrühen, häuten und pürieren. Mit |
| Basilikum, Piment | und |
| Paprikapulver | würzen und über die Auberginen geben. Bei 200 °C etwa 20 Minuten überbacken. |

**Tipp:** Mit der Füllung, auch zusammen mit den pürierten Tomaten, lässt sich ein vorzüglicher Eintopf kochen. Sie können aus der Masse auch Küchle formen und diese braten.

**Tipp:** Statt Auberginen können Sie auch Zucchini oder Paprika mit dem Linsenreis füllen.

Wie vielfältig sich Linsen einsetzen lassen, zeigt auch das nächste Rezept.

# Linsenauflauf

| | |
|---|---|
| 250 g braune Linsen | einige Stunden einweichen, dann abtropfen lassen. |
| 1 Zwiebel | mit |
| 2 Nelken | spicken und mit |
| 1 Lorbeerblatt | und den Linsen in |
| 700 ml Gemüsebrühe | aufkochen lassen und die Linsen in 30 – 35 Minuten weich kochen. |
| 500 g fest kochende Kartoffeln | in |
| Salzwasser | 20 Minuten kochen lassen, mit kaltem Wasser abschrecken, schälen und in Scheiben schneiden. |
| 2 Zwiebeln | fein würfeln und kurz in |
| 2 – 3 EL Öl | anbraten. |
| 250 g Champignons | in dünne Scheiben schneiden, zu den Zwiebeln geben und zusammen mit |
| 50 ml Pilz- oder Gemüsebrühe, Ingwer | und |
| Paprikapulver | einige Minuten dünsten lassen. Gespickte Zwiebel und Lorbeerblatt aus der Linsenmasse entfernen. Eine Auflaufform gut mit |
| Butter oder Öl | einfetten. Die Hälfte der Linsen in die Form füllen und darüber die Kartoffelscheiben schichten. Die Kartoffelschicht mit |
| Kräutersalz | und |
| Pfeffer | bestreuen. Dann die Zwiebel-Pilz-Mischung darauf verteilen |

|  |  |
|---|---|
|  | und mit den restlichen Linsen bedecken. |
| 30 – 40 g Butter | in Flöckchen schneiden und auf der obersten Linsenschicht verteilen. Mit |
| 1 – 2 EL gemahlenen Nüssen Semmelbröseln | oder bestreuen. Auflauf bei 180 °C etwa 25 – 30 Minuten backen und vor dem Servieren mit |
| klein geschnittenem Schnittlauch | bestreuen. |

**Tipp:** Wer möchte, gibt noch ein bis zwei Eier und / oder geriebenen Käse zu den Linsen und bestreut den Auflauf mit geriebenem Käse statt mit Nüssen.

Einen Blumenkohl füllen, geht das denn überhaupt, werden Sie sich fragen? Nun, das habe ich mich natürlich auch gefragt und anschließend das getan, was ich immer in solch einem Fall mache: Ich habe es einfach ausprobiert und es hat geklappt, wie glücklicherweise meistens.

## Gefüllter Blumenkohl

| | |
|---|---|
| 1 Blumenkohl Salzwasser | 20 Minuten in kaltes legen, herausnehmen und abspülen. Dann unzerkleinert 20 Minuten in |
| Gemüsebrühe 100 g rote Linsen 250 ml Wasser | dünsten. in aufkochen und in etwa 20 Minuten weich kochen. |
| 1 Möhre | fein raspeln, nach einer Kochzeit von etwa 15 Minuten zu den Linsen geben und die letzten 5 Minuten mitkochen lassen. Linsen anschließend mit |
| Kräutersalz, Pfeffer, Paprikapulver, Kreuzkümmel, Ingwer sehr wenig Zimt | und würzen und noch einige Minuten quellen lassen. Parallel zur senkrechten Achse des Blumenkohls einen gleichmäßigen Kegel aus dem Blumenkohl schneiden und die Linsen in die Höhlung füllen. Den herausgeschnittenen Teil wieder aufsetzen. Eine feuerfeste Glasform mit |
| Butter oder Öl | einfetten und den gefüllten Blumenkohl hinein setzen. Mit |
| 4 – 5 EL Sahne oder Milch | übergießen und leicht mit |

Kräutersalz bestreuen. Im Ofen bei 200 °C
5 – 10 Minuten überbacken und heiß
servieren.

**Tipp:** Kochen Sie drei Eier acht Minuten lang, schälen und halbieren Sie die Eier, legen Sie diese um den Blumenkohl in die Glasform und backen Sie die Eier zusammen mit dem Blumenkohl.

**Tipp:** Wenn Sie den Blumenkohl zu tief ausgeschnitten haben und im unteren Teil ein Loch entstanden ist, durch das die Linsenmasse fallen könnte, decken Sie die vorhandene Öffnung mit einer dünnen Scheibe Möhre ab.

**Tipp:** Statt geraspelter Möhre können Sie auch Kürbis oder Kohlrabi verwenden.

Wenn Sie mal zu viele Mungbohnen zum Keimen gebracht haben und nicht wissen, was Sie mit dem reichen Segen machen sollen, bietet sich das folgende Rezept an.

## Sprossenrolle mit Kürbis

| | |
|---|---|
| 150 g Mungbohnen | nach Anleitung zum Keimen bringen (S. 15, entspricht 250 g fertigen Sprossen). |
| 200 g Weizen | fein mahlen. Mit |
| Kräutersalz, 3 EL Olivenöl | und |
| 125 ml lauwarmem Wasser | in 15 – 20 Minuten zu einem geschmeidigen, glatten Teig verkneten. Eine Kugel formen und an einem warmen Ort etwa 60 Minuten zugedeckt ruhen lassen. |
| 400 g Hokkaidokürbis | grob raspeln, |
| 50 g Walnüsse | grob hacken und |
| 1 Bund Schnittlauch oder Petersilie | fein hacken. Mit den gekeimten Mungbohnen vermischen und kräftig mit |
| Kräutersalz, Paprikapulver, Curry, | |
| 1 EL Sojasauce | und |
| 1 EL Zitronensaft | würzen. Den Teig nochmals durchkneten und auf einem schwach bemehlten Tuch hauchdünn zu einem Rechteck ausrollen. Die Füllung auf die eine Hälfte der Teigplatte geben, dabei einen 1,5 – 2 cm breiten Randstreifen frei lassen. Die andere Teighälfte darüberlegen und die |

|                  | Teigränder festdrücken: Ein Backblech schwach mit |
|---|---|
| Butter oder Öl   | einfetten und den gefüllten Teig auf das Backblech legen. |
| 30 g Butter      | schmelzen und die Teigrolle dick damit bestreichen. Bei 180 °C 20 – 25 Minuten goldbraun backen. |

**Tipp:** Dazu passt am besten ein Blattsalat.

**Tipp:** Geben Sie noch etwas geriebenen Käse in die Kürbismasse oder bestreuen Sie den gefüllten Teig vor dem Backen mit Käse.

Pizza bedeutet nicht zwangsläufig die Verwendung von Käse, eine sehr schmackhafte Alternative ist Tofu.

## Tofupizza

| | |
|---|---|
| 150 g Weizen | und |
| 100 g Grünkern | fein mahlen. Mit |
| 1 TL Backpulver, | |
| 3 EL Olivenöl, | |
| 1 EL Sojasauce | und |
| 2 Eiern | zu einem glatten Teig verkneten. Teig in Form und bis zur Größe einer Pizza- oder Springform auswellen, eine Pizza- oder Springform damit belegen und im Ofen bei 180 °C etwa 10 Minuten vorbacken und dann aus dem Ofen nehmen. |
| 1 große Zwiebel | in dünne Ringe schneiden und |
| 2 Knoblauchzehen | in dünne Scheiben schneiden. Beides in |
| 1 – 2 EL Olivenöl | glasig anbraten, mit dem Öl aus der Pfanne nehmen, abtropfen lassen und dabei das Öl zur Weiterverwendung auffangen. |
| 400 g Tofu | in 3 mm dicke Scheiben schneiden. Das aufgefangene Öl mit |
| 2 EL Sojasauce einigen Tropfen Tabascosauce | sowie mischen und über die Tofuscheiben gießen. |
| 10 schwarze Oliven | gegebenenfalls entsteinen, grob zerkleinern und mit |
| Basilikum | und |

| | |
|---|---|
| Pfeffer | zum Tofu geben, die Tofuscheiben wenden und einige Minuten durchziehen lassen. |
| 500 g Tomaten | in Scheiben schneiden und den vorgebackenen Teig damit belegen, mit |
| Kräutersalz, Oregano | und |
| frisch gemahlenem Pfeffer | bestreuen, dann mit den Tofuscheiben und den Zwiebeln bedecken. Mit der restlichen Marinade beträufeln und nochmals 15 – 20 Minuten bei 180 °C backen. |

**Tipp:** Da ich kein so großer Freund von Oliven bin, verwende ich statt diesen gerne getrocknete und in Öl eingelegte Paprika. Sie können einen Teil der Tomaten auch durch gedünstete Brokkoliröschen ersetzen.

Meist werden Mungbohnen zum Keimen verwendet, doch auch gekocht sind sie eine Delikatesse.

## Mungbohnen-Mais-Kasserolle

| | |
|---|---|
| 250 g Mungbohnen | mit |
| 1 EL frisch gehacktem Salbei | in |
| 600 ml Wasser | in etwa 30 Minuten weich kochen, zum Schluss |
| 1 TL Kräutersalz | dazugeben. Übriges Kochwasser abgießen. |
| 200 g tiefgefrorene Maiskörner | in |
| 2 EL heißem Öl | wenden, nach Vorschrift weich kochen und kräftig mit |
| Rosmarin | würzen. |
| 500 g Tomaten | kurz überbrühen, häuten, klein würfeln und mit |
| Kräutersalz | und |
| 1 EL Honig | würzen. Eine Auflaufform oder eine Kasserolle mit |
| Butter oder Öl | einfetten, Tomaten und Bohnen hineingeben und mit dem Mais bedecken. |
| 50 g Butter | erhitzen und darin |
| 60 g Dinkelgrieß oder Semmelbrösel | etwas anbraten und als oberste Schicht auf den Mais geben. Im Backofen bei 200 °C etwa 30 Minuten backen. |

**Tipp:** Wer möchte, bestreut den Auflauf zusätzlich mit 60 g Parmesan oder anderem geriebenen Käse.

Ein festliches Mittagessen, das keine Wünsche offen lässt.

##  Tofugeschnetzeltes mit Pilzen

| | |
|---|---|
| 1 Zwiebel | fein hacken und in |
| 2 EL Erdnussöl | glasig braten. |
| 500 g Tofu | in dünne Scheibchen schneiden, zur Zwiebel geben und mitbraten, bis sich die Ränder bräunen. Dann |
| 2 EL Vollkornmehl | darüberstäuben und die Tofuscheiben wenden. Mit |
| 375 ml Gemüsebrühe | ablöschen. |
| 200 g Pilze | in Scheiben schneiden und in |
| 2 EL Öl | glasig braten, dann zum Tofu geben und beides zugedeckt noch einige Minuten köcheln lassen. |
| 100 g Tofu | mit |
| 100 ml Gemüsebrühe | und |
| 1 TL Zitronensaft | fein pürieren und unterrühren. Mit |
| Kräutersalz, Pfeffer | und |
| Sojasauce | mild würzen. |

**Tipp:** Dazu passen gekochter Naturreis oder Nudeln sowie Salat.

**Tipp:** Statt dem pürierten Tofu können Sie auch süße oder saure Sahne verwenden, wobei ich allerdings bei der Verwendung von süßer Sahne auf den Zitronensaft verzichte.

Hausmannskost im besten Sinne des Wortes, einfach, nahrhaft und gut, was will man eigentlich mehr?

##  Tofu mit Kartoffeln und Paprika

| | |
|---|---|
| 1,25 l Gemüsebrühe | erhitzen. |
| 600 g Kartoffeln | schälen, in 2 cm große Würfel schneiden und in der Gemüsebrühe etwa 25 Minuten kochen. |
| 500 g Tofu | in etwa 2 cm große Würfel schneiden. |
| 1 Zwiebel | und |
| 2 Knoblauchzehen | fein hacken, in |
| 3 EL Margarine | glasig braten, dann die Tofuwürfel dazugeben und anbraten, bis sich die Ränder bräunen. |
| 2 rote Paprika | und |
| 1 grüne Paprika | in schmale, 3 – 4 cm lange Streifen schneiden und zusammen mit der Zwiebel-Tofu-Mischung nach einer Kochzeit von 15 Minuten zu den Kartoffeln geben. Mit |
| Paprikapulver, Salbei | und |
| Basilikum | würzen. Wenn die Kartoffeln weich sind, mit |
| Sojasauce | und |
| Kräutersalz | abschmecken und servieren. |

**Tipp:** Ersetzen Sie eine rote Paprika durch ein bis zwei gehäutete und gewürfelte Tomaten.

**Tipp:** Wenn Sie ein bis zwei klein geschnittene Peperoni dazugeben, erhalten Sie ein besonders scharfes Gericht.

Chinakohl wird meist nur für Salate verwendet, doch leicht angedünstet ist er ebenfalls ein ganz besonderer Genuss.

##  Chinakohl süßsauer mit Tofu

| | |
|---|---|
| 500 g Tofu | in 2 cm große Würfel schneiden. |
| 500 ml Gemüsebrühe | aufkochen. |
| 2 Knoblauchzehen | durch die Knoblauchpresse drücken oder sehr fein zerkleinern und zusammen mit |
| 1 EL Apfelessig, 2 EL Sojasauce, 1 TL Honig, 1 TL klein geschnittenem Ingwer | und |
| 1 Prise Chili | in die Brühe geben. Alles gut verrühren, die Tofuwürfel hineingeben und 15 Minuten bei geringer Hitze durchziehen lassen. |
| 1 kg Chinakohl | in breite Streifen schneiden, in einem großen Topf mit |
| 2 – 3 EL Olivenöl | andünsten, bis er zusammenfällt. |
| 1 EL Pfeilwurzelmehl | in |
| wenig Wasser | anrühren, in die Brühe mit den Tofuwürfeln geben und rühren, bis diese etwas eindickt. Brühe mit Tofu mit |
| Kräutersalz | und |
| Pfeffer | würzen, über den Chinakohl geben und noch 2 – 3 Minuten weiterdünsten lassen. |

**Tipp:** Dazu passen Reis oder Nudeln.

**Tipp:** Interessant ist auch die Variante mit Endiviensalat oder Spinat.

# Beilagen

Beilagen entscheiden oft den Gesamteindruck einer Mahlzeit. Vielen Speisekarten merkt man leider an, dass sich der Koch zwar bei den Mittelpunkten der Mahlzeiten viel Mühe gibt, aber die Beilagen vernachlässigt. Dass es auch anders möglich ist, zeigen die folgenden Rezepte.

Ich liebe Knödel, wobei ich mich immer frage, ob ich sie wohl deshalb so gerne koche, weil ich sie gerne frisch und mit viel Sauce zu gebratenen Pilzen esse, oder weil ich mich schon auf den nächsten Tag freue, wenn ich die Reste in Scheiben geschnitten in der Pfanne zusammen mit Ei oder Käse anbrate. Und wenn ich ehrlich bin, trifft eigentlich die zweite Variante zu: Nicht selten begnüge ich mich beim Anbraten nicht mit den bloßen Resten, sondern es muss schon ein frischer Knödel dran glauben.

## Bohnenknödel

| | |
|---|---|
| 500 g weiße Bohnen | über Nacht in |
| 2,5 l Wasser | einweichen und im Einweichwasser in etwa 60 Minuten weich kochen. Bohnen abgießen und dabei das restliche Kochwasser auffangen. |
| 6 – 7 altbackene Vollkornbrötchen | in kleine Stücke schneiden, |
| 250 – 300 ml warme Milch | darübergießen und gut weichen lassen. |
| 1 Zwiebel | fein würfeln und kurz in |
| 1 EL Margarine | anbraten. |
| ½ Bund Petersilie | fein hacken und mit der Zwiebel, |
| 2 Eiern | und 200 g der gekochten und abgetropften Bohnen mischen und zu den eingeweichten Brötchen geben, dann mit |
| Salz, Pfeffer, Paprikapulver | kräftig würzen und den Teig kurz durchkneten. Der Teig sollte eine feste Konsistenz haben, deshalb gegebenenfalls noch |
| Semmelbrösel | oder |
| gemahlene Nüsse | dazugeben. |
| | Knödel mit 5 – 6 cm Durchmesser formen. |
| | In einem großen Topf |

| | |
|---|---|
| Salzwasser | zum Kochen bringen, die Knödel 15 – 20 Minuten darin sieden lassen. Die Knödel sind fertig, wenn sie oben schwimmen. In der Zwischenzeit |
| 40 g Margarine | erhitzen, |
| 40 g Vollkornmehl oder -grieß | zur Margarine geben, verrühren, mit |
| 200 ml heißem Bohnenwasser | auffüllen und gut verrühren. Mit |
| Majoran, Pfeffer, 2 EL Tomatenmark | und |
| ½ TL Sojasauce | abschmecken, dann die restlichen Bohnen dazugeben, nochmals kurz erhitzen und zu den Knödeln servieren. |

**Tipp:** Sollten Knödel übrig bleiben, schneiden Sie diese am nächsten Tag in Scheiben und braten Sie die Scheiben in der Pfanne mit Butter. Überbacken Sie die geschnittenen Knödel gegebenenfalls mit Ei oder Käse.

**Tipp:** Nicht selten forme ich aus dem Teig gleich flache Scheiben und brate sie wie beschrieben an.

Beim Schmoren habe ich immer Bedenken, das Gericht könnte anbrennen, während der Deckel auf dem Topf ist. Daher nutze ich diese Zubereitungsart nur selten, obwohl ich mich dadurch um manchen Genuss bringe. Damit Ihnen der Genuss eines Schmorgerichtes nicht entgeht, hier ein entsprechendes Rezept.

## Geschmorte Bohnen

| | |
|---|---|
| 120 – 150 g weiße Bohnen | mit |
| 750 ml Wasser | nach dem Grundrezept (S. 11) zubereiten. Bohnen abgießen und dabei das Kochwasser auffangen. |
| 1 Zwiebel | fein hacken, |
| 2 cm frische Ingwerwurzel | fein schneiden und beides zusammen mit |
| 1 Chilischote | in |
| 2 – 3 EL Erdnussöl | anbraten. |
| 1 – 2 Tomaten | kurz überbrühen, häuten und klein würfeln. |
| 1 Apfel | schälen, entkernen und in dünne Scheiben schneiden. Tomatenwürfel und Apfelscheiben zusammen mit |
| 2 EL Apfelsaft | und |
| 1 EL Apfelessig | zu Zwiebel und Ingwer geben. Alles im zugedeckten Schmortopf oder einer großen Pfanne einige Minuten dünsten lassen, dann die gekochten weißen Bohnen und etwas Kochwasser dazugeben, aufkochen lassen und 5 – 10 Minuten zugedeckt köcheln lassen. Die Bohnen mit einem Holzstampfer etwas zerdrücken. Mit |
| 1 TL körniger Gemüsebrühe, | |

| | |
|---|---|
| Salz | und |
| Pfeffer | kräftig würzen, dann je |
| 1 Prise Zimt und Nelken | dazugeben und die Masse unter häufigem Rühren bei geringer Hitze 15 – 20 Minuten schmoren lassen. Bei Bedarf noch etwas Wasser dazugeben. Wenn sich eine feste, aber noch feuchte Masse gebildet hat, sofort servieren. |

**Tipp:** Kurz bevor das Schmorgericht fertig ist, können Sie noch etwas geriebenen Käse unterziehen.

**Tipp:** Verwenden Sie statt des Apfels eine weitere Tomate und Olivenöl statt Erdnussöl.

Heiß gekocht, kalt gegessen und in Griechenland besonders an warmen Sommertagen beliebt, ist das folgende Gericht natürlich auch bei uns ein Gedicht.

## Bohnenplaki

| | |
|---|---|
| 750 g grüne Bohnen | gegebenenfalls abfädeln und in 5 – 6 cm lange Stücke brechen. Bohnen für einige Minuten in |
| heißes Wasser | legen, also kurz blanchieren, herausnehmen und abtropfen lassen. |
| 2 Zwiebeln | würfeln. In einem größeren Topf |
| 3 EL Öl | erhitzen. Eine Schicht Bohnen und darüber eine Schicht Zwiebeln in den Topf zum Öl geben. |
| 4 EL Semmelbrösel | darüberstreuen, eine weitere Schicht Zwiebeln darübergeben und mit einer Schicht Bohnen abschließen. |
| 1 EL gehacktes Bohnenkraut, 2 EL gehackte Petersilie, Kräutersalz Pfeffer | und über das Gemüse geben, mit |
| 500 ml Gemüsebrühe | übergießen und in 25 – 30 Minuten gar kochen. Abkühlen lassen und kalt servieren. |

**Tipp:** Ich nehme gerne statt 750 g nur 500 g Bohnen und dafür noch 250 g in Scheiben geschnittene Möhren oder Zucchini.

Palerbsen erhält man meist nur in getrocknetem Zustand, daher sollten Sie immer zugreifen, wenn es doch mal frische Palerbsen gibt. Der geringe Mehraufwand fürs Palen lohnt sich auf jeden Fall. Bedenken Sie beim Kauf, dass die Schalen etwa die Hälfte des Gewichtes ausmachen.

## Basmatireis mit Erbsen

| | |
|---|---|
| 125 g Basmatireis | mit |
| 1 kleinen Stück Zimtrinde, | |
| 2 Nelken | und |
| 1 Kardamomkapsel | in |
| 300 ml Wasser | 20 – 30 Minuten einweichen, dann in knapp 30 Minuten weich kochen. |
| 250 g frische Palerbsenschoten | palen. |
| 1 Frühlingszwiebel | klein schneiden und kurz mit |
| 1 – 2 EL Öl | anbraten. Die gepalten Erbsen und |
| 100 ml Gemüsebrühe | zur Frühlingszwiebel geben, aufkochen und 25 Minuten köcheln lassen. Anschließend Erbsen und Reis mischen, vorher allerdings die Gewürze aus dem Reis nehmen. Erbsenreis mit |
| Salz | und |
| Pfeffer | abschmecken und warm als Beilage zu Currys, Gemüse und Bratlingen servieren. |

**Tipp:** Färben Sie den Reis vollständig oder teilweise mit Kurkuma oder Safran herrlich gelb.

**Tipp:** Lauwarm serviere ich den Erbenreis auch gerne als Salat mit einer Essig-Öl-Marinade, wobei ich je nach Wunsch und Laune Lauch, Möhren, Zucchini, Rettich, Gurke oder Tomate dazugebe.

Nicht nur aus Kartoffeln lässt sich ein hervorragendes Püree zubereiten, sondern auch aus Erbsen.

# Erbspüree

| | |
|---|---|
| 300 g grüne und | |
| 300 g gelbe Erbsen | zusammen über Nacht in |
| 1,3 l Wasser | einweichen. Eingeweichte Erbsen am nächsten Tag im Einweichwasser zusammen mit |
| 1 TL Majoran | und |
| 1 – 2 TL körniger Gemüsebrühe | erhitzen und in gut 120 Minuten dick einkochen, gegebenenfalls noch Wasser nachgießen. Am Ende der Kochzeit mit |
| Kräutersalz, Pfeffer | und |
| frisch geriebenem Muskat | würzen. |
| 1 Zwiebel | in Ringe schneiden, in |
| 20 g Margarine | anbraten und bräunen lassen. Die Erbsen durch ein Sieb streichen oder pürieren, hügelförmig auf einer Platte anrichten und mit den angebratenen Zwiebelringen garnieren. |

**Tipp:** Nehmen Sie etwas weniger Wasser und ersetzen Sie die fehlende Flüssigkeit vor oder nach dem Pürieren mit Sahne.

**Tipp:** Kochen und pürieren Sie zusammen mit den Erbsen ein bis zwei Kartoffeln.

Eine Zwiebel – sie gehört beinahe in jedes pikante Gericht! Im Herbst sind Zwiebeln der Hauptbestandteil des beliebten Zwiebelkuchens. Als Gemüsebeilage werden Zwiebeln jedoch eher selten verwandt. Vielleicht ändert das nächste Rezept Ihren Speiseplan und Sie entdecken die Zwiebel als Gemüse.

## Zwiebelgemüse

| | |
|---|---|
| 450 g weiße | und |
| 300 g rote Zwiebeln | vierteln. |
| 400 ml Gemüsebrühe | und |
| 100 ml Apfelsaft | mit |
| Kräutersalz, Pfeffer, | |
| 1 TL Zwiebelsamen | und |
| sehr wenig Honig | aufkochen. Die Zwiebeln dazugeben und 15 Minuten köcheln lassen, dann |
| 300 g tiefgefrorene Erbsen | 5 Minuten mitkochen lassen. Zwiebeln und Erbsen in einem Sieb abtropfen lassen, Kochflüssigkeit auffangen. |
| 20 g Butter | erhitzen, |
| 30 g Vollkornmehl | darüberstäuben und 3 Minuten durchschwitzen lassen, das Kochwasser unter Rühren dazugeben und 5 Minuten köcheln lassen. |
| 100 ml Sahne | unterrühren und mit |
| Salz, Pfeffer und Paprika | abschmecken. Zwiebeln und Erbsen zur Sahnesauce geben und nochmals erhitzen. Mit |
| gehackter Petersilie | bestreut servieren. |

**Tipp:** Dazu passen alle Arten Küchle und Knödel. Auch kurz angebratene oder gefüllte und anschließend überbackene Pilze schmecken gut zum Zwiebelgemüse.

**Tipp:** Verquirlen Sie ein Eigelb mit der Sahne und verwenden Sie diese Mischung als Alternative zu reiner Sahne. Bitte lassen Sie die Sauce dann nicht mehr kochen.

Angebratener Tofu eignet sich sehr gut als Zutat für Salate, Aufläufe oder Eintöpfe. Man kann ihn auf zwei verschiedene Arten zubereiten.

## Angebratene Tofuwürfel

| | |
|---|---|
| 200 g Tofu | in Würfel mit einer Kantenlänge von 1 cm schneiden. |
| 3 – 4 EL Öl | oder |
| 50 – 60 g Butter | in einer Pfanne erhitzen und |
| 1 EL körnige Gemüsebrühe | |
| | hineinrühren. Die Tofuwürfel dazugeben und von allen Seiten kräftig anbraten. Aus der Pfanne nehmen und abtropfen lassen. |

**Tipp:** Servieren Sie die Tofuwürfel nun zu Gemüse oder Salat oder verwenden Sie den Tofu entsprechend dem jeweiligen Rezept weiter.

# Gebratener pürierter Tofu

| | |
|---|---|
| 200 g Tofu | ohne Flüssigkeit pürieren oder mit der Gabel fein zerdrücken. In einer Pfanne |
| 2 – 3 EL Margarine | oder |
| Öl | erhitzen, Tofu dazugeben, mit |
| Salz, Pfeffer, Garam Masala, Cayennepfeffer | und |
| 1 – 2 TL Kurkuma | kräftig würzen. Unter Rühren einige Minuten bei kräftiger Hitze braten. |

**Tipp:** Sie können den pürierten Tofu wie Rührei servieren, mit viel frischem, klein geschnittenen Schnittlauch oder Pilzen.

**Tipp:** Seien Sie vorsichtig beim Umgang mit Kurkuma: Ein Fleck auf Kleidung oder Tischdecke lässt sich kaum mehr durch Waschen oder Reinigen entfernen.

# Aufstriche

Hülsenfrüchte eignen sich ideal zur Herstellung von Brotaufstrichen, doch beim Aufschreiben entsprechender Rezepte tue ich mich etwas schwer. Denn in meiner eigenen Küche verwende ich als Grundlage eines Aufstrichs meist die bisher beschriebenen Rezepte, indem ich von Anfang an einen Teil beiseite stelle oder Reste verarbeite.
Im Kühlschrank und gut verschlossenem Glas halten sich die pikanten Aufstriche in der Regel vier bis fünf Tage, süße Aufstriche durch den Honig meist etwas länger.

Wie ein anderes Rezept als Grundlage eines Aufstriches dienen kann, möchte ich beim ersten Aufstrich in diesem Kapitel zeigen. Ähnlich können Sie bei anderen Gerichten vorgehen. Dies gilt nicht nur für Hülsenfrüchte, sondern auch für Gemüse- oder Getreidegerichte.

# Erbsenaufstrich

| | |
|---|---|
| Eine Erbsensuppe | nach dem Rezept von S. 47 kochen. Damit genug für eine Suppe übrig bleibt, sollten Sie 300 g getrocknete Erbsen verwenden. Vor dem Pürieren der Suppe mit einem Sieblöffel |
| 150 g heiße Erbsenmasse | aus der Brühe nehmen und das Ganze mit wenig Kochflüssigkeit und |
| 80 g Butter 1 TL Sojasauce, Cayennepfeffer, Salz, Pfeffer | sehr fein pürieren. Kräftig mit |
| Majoran | und würzen und gut mischen. Erbsenaufstrich in ein Glas mit Schraubverschluss geben und nach dem Abkühlen in den Kühlschrank stellen. |

Hier ein Beispiel für einen Aufstrich, der sich nicht aus einem anderen Rezept ableitet, sondern extra zubereitet wird.

## Sesampaste

| | |
|---|---|
| 40 g Kichererbsen | mit |
| 160 ml Einweichwasser | und |
| 140 ml Kochwasser | nach Grundrezept (S. 19) zubereiten. |
| 50 g Sesam | in |
| 20 g Butter | einige Minuten anbraten. Anschließend |
| 60 g Butter | und die gekochten Kichererbsen dazugeben, kurz erhitzen, mit |
| Kräutersalz, Pfeffer, Paprikapulver, Chili | und |
| 1 TL Sojasauce | kräftig würzen. Mischung im Mixer pürieren, gegebenenfalls noch |
| 1 – 2 EL Kochwasser | dazugeben, damit die Masse cremig wird. In ein Glas mit Schraubverschluss füllen, abkühlen lassen und im Kühlschrank aufbewahren. |

**Tipp:** Das Rezept gelingt auch mit anderen Hülsenfrüchten.

**Tipp:** Die Paste sollten Sie am besten dann zubereiten, wenn Sie sowieso Kichererbsen gekocht haben, denn wegen 40 g Kichererbsen lohnt der Aufwand nicht.

Kombiniert man für einen Brotaufstrich Linsen mit passenden Gewürzen wie Majoran, kann man selbst überzeugte Wurstesser begeistern. Ich selbst kreiere und genieße am liebsten immer wieder neue Aufstriche und neue Geschmacksvarianten. Doch wenn man nur einen einzigen Aufstrich benötigt, der allen schmecken soll, passt immer das folgende Rezept. Am besten schmeckt mir der Aufstrich mit Beluga-Linsen, aber auch andere Linsensorten sind sehr gut.

# Linsenaufstrich

| | |
|---|---|
| 75 g Beluga-Linsen oder andere Linsen | mit |
| 250 ml Wasser | nach dem Grundrezept (S. 21) kochen. |
| 1 kleine Zwiebel | klein würfeln und kurz in |
| 20 g Butter | anbraten. Mit den noch heißen Linsen mischen und in den Mixer geben. |
| 50 g Butter | dazugeben und alles pürieren. Mit |
| Salz, Pfeffer, Chili, gekörnter Gemüsebrühe, Oregano, Garam Marsala | oder |
| Curry | und |
| 1 TL Senf | würzen und zusammen mit |
| etwas Schnittlauch | nochmals kurz pürieren. In ein Glas mit Schraubverschluss füllen, abkühlen lassen und im Kühlschrank aufbewahren. |

**Tipp:** Auch einige Tropfen Soja- oder Worcestersauce passen vorzüglich zu den Linsen, als Gewürze eignen sich neben Oregano auch Majoran, Bärlauch, Thymian, Paprikapulver oder Fenchel.

**Tipp:** Sollte die Linsenmasse zu flüssig sein, geben Sie etwas Grieß, Mais- oder Kichererbsenmehl dazu. Gemahlene Nüsse können den Geschmack noch verbessern, falls dies überhaupt möglich ist.

Linsen und süß, das klingt zwar ungewöhnlich, schmeckt aber ausgezeichnet und nicht nur als Brotaufstrich.

## Süßer Linsenaufstrich

| | |
|---|---|
| 50 g getrocknete Feigen | in Streifen schneiden und mit |
| 50 g roten Linsen | in |
| 300 ml Apfelsaft | gut 20 – 25 Minuten köcheln lassen, bis die Flüssigkeit fast aufgesogen ist. Mischung pürieren, gegebenenfalls noch etwas |
| Apfelsaft | oder zum Süßen |
| 1 EL Honig | dazugeben. In ein Glas mit Schraubverschluss füllen, abkühlen lassen und im Kühlschrank aufbewahren. |

**Tipp:** Geben Sie noch 20 – 30 g Butter oder Margarine in die heiße Masse und würzen Sie den Aufstrich kräftig mit Ingwer, Vanille oder Zimt.

**Tipp:** Der süße Aufstrich schmeckt auch mit getrockneten Datteln oder Zwetschgen.

Für Kürbisgerichte verwende ich meist den orangefarbenen Hokkaidokürbis, den es auch in für einen Zweipersonenhaushalt passenden Größen gibt. Doch auch größere Kürbisse werden bei uns aufgrund ihrer vielfältigen Verwendungsmöglichkeiten schnell, ohne den Speisezettel langweilig zu gestalten, verbraucht.

## Kürbis-Bohnen-Aufstrich

| | |
|---|---|
| 40 g Sojabohnen | mit |
| 200 ml Einweichwasser | und |
| 200 ml Kochwasser | nach dem Grundrezept (S. 13) zubereiten. |
| 1 Zwiebel | grob würfeln und kurz in |
| 20 g Butter | anbraten. |
| 80 g Kürbis | würfeln, zur Zwiebel geben und kurz mitbraten. |
| 2 EL Gemüsebrühe | dazugießen und einige Minuten dünsten lassen, dann mit |
| Majoran, Basilikum, Pfeffer, Paprikapulver | und |
| Kräutersalz | würzen. Die gekochten Sojabohnen und |
| 60 g Butter | dazugeben, alles nochmals kurz erhitzen und anschließend im Mixer fein pürieren. Zum Schluss noch |
| 1 TL Sojasauce | unterrühren, in ein oder zwei Gläser mit Schraubverschluss füllen und nach dem Erkalten im Kühlschrank aufbewahren. |

**Tipp:** Geben Sie ein bis zwei Esslöffel gemahlene Haselnüsse oder Mandeln zur Kürbis-Bohnen-Masse, falls die Masse nach dem Pürieren zu flüssig ist.

**Tipp:** Dieser Aufstrich schmeckt auch mit roten Linsen.

Normalerweise gebe ich bei Aufstrichen Butter oder Margarine dazu, doch bei diesem Rezept kann ich darauf verzichten.

## Zwiebel-Tofu-Creme

| | |
|---|---|
| 1 große Zwiebel | grob würfeln und kurz in |
| 2 – 3 EL Öl | anbraten. |
| 1 kleinen Apfel | schälen, entkernen und in dünne Scheiben schneiden. |
| 100 g Tofu | grob zerkleinern und zusammen mit den Apfelscheiben zu den Zwiebelwürfeln geben. Mit |
| 1 TL fein zerkleinertem Majoran, Kräutersalz Pfeffer | und würzen und alles einige Minuten baten. Masse anschließend sehr fein pürieren und mit |
| 1 TL Sojasauce, Paprikapulver, Cayennepfeffer Senf | und abschmecken. Aufstrich in ein Glas mit Schraubverschluss füllen und nach dem Abkühlen im Kühlschrank aufbewahren. |

**Tipp:** Wenn die Masse zu fest ist, geben Sie noch ein bis zwei Esslöffel Flüssigkeit, beispielsweise Gemüsebrühe, dazu.

**Tipp:** Statt Öl können Sie zum Anbraten auch Margarine oder Butter verwenden.

# Süßes

Süße Gerichte mit Hülsenfrüchten – für viele ist das eine schwer vorstellbare Geschmackskombination. Doch wer sich darauf einlässt, wird entdecken, welch köstliche Möglichkeiten sich dadurch eröffnen. Das Ausprobieren lohnt sich ganz bestimmt.

Im Sommer genieße ich sehr gerne Früchtequark oder einen Obstsalat, meist gebe ich Nüsse, gehackt oder gemahlen, oder Kokosraspel dazu, um das Gericht etwas interessanter und noch nahrhafter zu gestalten. Wenn ich im Sommer Sojabohnen koche, dann auch mit dem Hintergedanken, diese in solch einer süßen Kombination zu verwenden.

## Früchtequark mit Sojabohnen

| | |
|---|---|
| 75 g Sojabohnen | mit |
| jeweils 375 ml Wasser | zum Kochen und Einweichen nach Grundrezept (S. 13) zubereiten. Die gekochten Sojabohnen gut abtropfen lassen und gegebenenfalls noch mit einem Küchentuch abtrocknen. |
| 3 – 4 EL Honig | erwärmen und die Sojabohnen dazugeben. Unter Rühren 4 – 5 Minuten köcheln lassen. Sojabohnen aus dem Honig nehmen und den Honig anderweitig verwenden. |
| 500 g Quark | mit |
| 4 – 5 EL Milch | verrühren. |
| 1 Banane | gut zerdrücken und unter den Quark rühren. |
| 200 g Erdbeeren | teilweise zerdrücken und teilweise in Scheiben schneiden. |
| 1 Apfel | grob raspeln. |
| 1 – 2 Pfirsiche | klein schneiden. Obst und Sojabohnen unter den Quark rühren, mit |
| Zimt | und |
| Vanille | kräftig würzen und sofort servieren. |

**Tipp:** Geben Sie einen Teil des übrigen Honigs noch zusätzlich in den Quark.

**Tipp:** Eine besonders interessante Variante erhalten Sie, wenn Sie noch einen Esslöffel gesiebten Carob in den Honig geben, in dem die Sojabohnen köcheln.

**Tipp:** Sie können auch andere Früchte verwenden, wobei Sie allerdings aufpassen sollten, dass der Quark nicht zu flüssig wird. Das kann beispielsweise bei der Verwendung von Melonen passieren.

Wenn Sie einen Kuchen mit eigenwilligem Geschmack backen möchten, der trotzdem lecker schmeckt oder beim Kuchenbacken auf Getreide verzichten wollen oder müssen, dann versuchen Sie mal diese Variante eines Johannisbeerkuchens, meines Lieblingsobstkuchens.

## Johannisbeerkuchen

| | |
|---|---|
| 100 g Kichererbsenmehl | mit |
| 120 g Sojamehl | und |
| 1 TL Backpulver | mischen. Anschließend |
| 1 Ei, | |
| 100 g Butter | und |
| 80 g Honig | dazugeben, alles kräftig verkneten und mit |
| 1 TL Zimt | würzen. Den Teig kurz im Kühlschrank ruhen lassen. Eine Springform gut mit |
| Butter | einfetten. Teig in Backformgröße ausrollen, den Boden der Form mit dem Teig belegen und einen gut 2 cm hohen Rand formen. |
| 375 g Quark | mit |
| 2 – 3 EL Sahne, | |
| 2 Eiern | sowie |
| 80 – 120 g Honig | vermischen. Anschließend |
| 500 g rote Johannisbeeren | unterziehen, die Quarkmischung auf dem Teigboden in der Form verteilen und glatt streichen. Bei 200 °C etwa 45 Minuten backen und gegebenenfalls während der letzten Minuten mit Backpapier abdecken, damit die Quarkfüllung nicht zu braun wird. Gut auskühlen lassen und dann servieren. |

**Tipp:** Bevor der Kuchen nicht abgekühlt ist, lässt er sich nur schlecht anschneiden, weil die Füllung bedingt durch den Honig mitunter zu weich ist.

**Tipp:** Da ich Johannisbeeren liebe, verändere ich gern die Zusammensetzung der Füllung, indem ich 300 g Quark und 700 g Johannisbeeren nehme.

Ich liebe Linsen und Süßes, was also lag näher, als beides zu kombinieren? Doch ich fand einfach kein passendes Rezept, so dass ich damals in meinem vegetarischen Vollwertrestaurant selbst einen entsprechenden Nachtisch kreierte und ganz stolz war, dass er meinen Stammgästen mundete. Doch hatte ich damit Neuland betreten? Mitnichten, denn nur wenige Wochen später fand meine Frau in einer Buchhandlung in Leipzig den Nachdruck eines vegetarischen Kochbuchs aus dem Jahr 1908 und was entdeckte ich? Ein Rezept für süße Linsen.

Hier also das Rezept meines Linsendesserts.

 ## Kaki-Linsen

| | |
|---|---|
| 100 g rote Linsen | mit |
| 1 Stück Zimtrinde | und |
| 2 – 3 klein gewürfelten, getrockneten Aprikosen | in |
| 200 ml Apfelsaft | und |
| 100 ml Wasser | aufkochen und in gut 30 Minuten weich kochen. Dabei sollte die Flüssigkeit ganz aufgesogen werden und die Linsen fast zerfallen. Nach einer Kochzeit von 20 Minuten |
| 1 EL Honig | und |
| 1 MSP Safran | dazugeben. |
| 4 Kakis | halbieren und etwas aushöhlen. Das herausgelöste Kakifruchtfleisch klein schneiden und mit den Linsen mischen. Die gelbe Linsen-Kaki-Mischung als Häufchen auf die ausgehöhlten Kakihälften verteilen. |
| 100 g Tofu | mit |
| 100 ml weißem Traubensaft | pürieren und zu den Kakis servieren. |

**Tipp:** Mischen Sie statt des Safrans zwei Esslöffel Carob unter die Linsen. Geben Sie den Safran in diesem Fall zum Tofu.

**Tipp:** Nehmen Sie statt der Kakis doch einmal Kiwis.

Bei der Verwendung von Kichererbsenmehl für Küchleteig gelingt der Teig auch ohne Eier und man kann die Küchlein sehr gut in der Pfanne ausbacken. Ich empfinde die Kombination mit Obst, hier mit Zwetschgen, als überaus angenehm, sofern man wie ich den besonderen Geschmack des Kichererbsenmehls liebt.

## Zwetschgenküchle

| | |
|---|---|
| 120 g Kichererbsenmehl | mit |
| 40 g gemahlenen Haselnüssen | und |
| 200 ml Wasser | sowie |
| 1 EL Honig | zu einem glatten Teig verrühren. Mit |
| Zimt | und |
| Ingwer | kräftig würzen. |
| 200 g Zwetschgen | entsteinen, in kleine Stücke schneiden und gut unter den Teig heben. |
| 1 – 2 EL Erdnussöl | in der Pfanne erhitzen, jeweils einen kleinen Schöpflöffel mit Zwetschgenteig in die Pfanne geben, etwas glatt streichen und weitere Küchlein je nach Pfannengröße daneben setzen. Küchlein auf beiden Seiten bei mittlerer Hitze gut 5 Minuten braten. Warm stellen und servieren, wenn alle Küchlein fertig sind. |

**Tipp:** Dazu passt flüssige Ingwer-Honig-Margarine. Hierfür 50 g Margarine oder Butter mit 30 – 40 g Honig so weit erhitzen, bis sich eine flüssige Masse bildet, diese kräftig mit Ingwer würzen und über die Küchlein gießen.
Wer kein so großer Ingwerfreund ist, kann auch Zimt oder Vanille verwenden.

Da Tofu zunächst geschmacksneutral ist, lässt er sich natürlich nicht nur pikant, sondern genauso gut süß verarbeiten wie bei den zwei folgenden Rezepten.

## Mango-Tofu-Creme

| | |
|---|---|
| 1 reife Mango | mit |
| 2 – 3 EL Honig | und |
| 200 – 250 g Tofu | im Mixer fein pürieren. Kräftig mit |
| Vanille, | |
| Ingwer | und |
| Zimt | würzen. Fertig! |

**Tipp:** Diese Creme schmeckt zu allen Früchten, aber auch solo sehr gut.

**Tipp:** Heben Sie noch ein bis zwei Esslöffel Kokosraspel oder Nüsse unter.

**Tipp:** Nehmen Sie statt Mango Kaki oder einheimische Beeren und Früchte. Wenn das Obst zu viel Saft abgibt, können Sie die Creme mit Pfeilwurzelmehl oder Johannisbrotkernmehl etwas eindicken.

Eine Creme wie im vorigen Rezept kann auch zur Grundlage der nachfolgenden Torte werden.
Da es vielfach etwas schwierig ist, einen festen Tortenboden vertikal zu halbieren, empfiehlt es sich, zwei Böden, davon einen mit Rand, zu backen. Dies kann entweder nacheinander in einer Form geschehen oder bei einem Backofen mit Umluft gleichzeitig mit zwei gleich großen Formen.

# Tofu-Creme-Torte

| | |
|---|---|
| 150 g Margarine | mit |
| 80 g Honig, | |
| Salz, | |
| Zimt | und |
| Vanille | schaumig rühren. |
| 220 g Dinkel | fein mahlen. Dinkelmehl mit |
| 80 g gemahlenen Nüssen | und |
| 3 TL Backpulver | mischen und zusammen mit |
| 6 EL Mineralwasser | zur Honig-Margarine-Mischung geben. Alles gut verkneten. Zwei Springformen mit |
| Butter oder Margarine | einfetten. Den Teig für zwei Springformen auswellen, die Springformen damit belegen, bei einem der beiden Böden einen Rand anarbeiten und bei 200 °C etwa 20 Minuten backen. Aus |
| 300 g Tofu, | |
| 80 g Honig, | |
| 220 g Früchten, | |
| Vanille, Ingwer | und |
| Zimt | eine Creme (s. voriges Rezept) herstellen. Die Hälfte der Creme auf den Tortenboden mit dem Rand |

| | |
|---|---|
| | verstreichen und mit dem zweiten Boden als Deckel belegen. |
| 1 – 2 g Johannisbrot-kernmehl | in die restliche Tofucreme rühren und etwas ruhen lassen. Dann zwei Drittel der restlichen Creme auf der oberen Kuchenplatte verteilen, glatt streichen und mit der Gabel Ornamente einritzen. Die restliche Masse dünn auf dem seitlichen Rand verstreichen. Torte 30 Minuten im Kühlschrank durchziehen lassen und dann servieren. |

**Tipp:** Verzieren Sie die Torte zusätzlich mit Beeren.

# Über den Autor

Herbert Walker, Jahrgang 1946, Dipl.-Bauing. und Betriebswirt (VWA), kam als engagierter Tierschützer und Tierversuchsgegner über die Vollwertkost zur vegetarischen Lebensweise.

Nach einer Ausbildung bei Dr. Bruker zum Gesundheitsberater (GGB) nahm er eine Auszeit vom erlernten Beruf und betrieb für drei Jahre in Heidenheim das vegetarische Vollwertrestaurant »Salatschüssel«. Daneben führte er im Restaurant und bei verschiedenen Volkshochschulen Vollwertkoch- und -backkurse durch und begann mit dem Schreiben: Bis heute sind es neun Koch- und Backbücher. Daneben war er als freier Mitarbeiter für eine Zeitschrift für Baubiologie tätig.

Seit einigen Jahren ist er als Unternehmensberater für die Baubranche tätig und hat auch hier mehrere Fachbücher veröffentlicht. Kochen und Backen sind immer noch seine wichtigsten Hobbys, er schreibt weiterhin Kochbücher und gibt hin und wieder Kochkurse.

Ein drittes Hobby, das er mit Ehefrau Ingrid teilt, ist das Fernwandern, und da Ingrid leidenschaftliche Fotografin ist, stellen beide in zahlreichen Diavorträgen die Schönheit unserer Heimat vor.

# Rezeptindex

Rezepte mit einem * sind tierisch-eiweißfrei; im Buch sind diese Rezepte mit zwei Ähren gekennzeichnet.
Ist ein Rezept mit (*) markiert, bedeutet dies, dass z. B. durch Ersatz von Butter durch Öl oder Reformmargarine das Gericht ohne Weiteres tierisch-eiweißfrei zubereitet werden kann; im Buch wird dies durch eine Ähre angezeigt.

**Ä**gyptische Bohnensuppe ........ 44(*)
Angebratene Tofuwürfel ........ 132(*)
Apfel-Erbsen-Salat ........................ 37*
Auberginen mit Linsenfüllung .. 108*
Azukibohnen-Kürbis-Curry ......... 60*
Azukibohnen-Mais-Auflauf ......... 92*
Azukibohnen-Pilaw ..................... 64*

**B**ärlauch-Linsen-Torte ............... 106
Basmatireis mit Erbsen ............. 129*
Blumenkohl mit Linsenfüllung.... 112
Bohnen mit Vollkornnudeln ........ 90*
Bohnen, geschmort .................. 126*
Bohneneintopf, rumänisch .......... 56*
Bohnen-Gurken-Salat .................. 30*
Bohnen-Kartoffel-Curry ............... 57
Bohnenknödel ............................. 124
Bohnenküchle ............................... 76
Bohnen-Kürbis-Aufstrich ............ 140
Bohnenpastete ............................. 88
Bohnenplaki ............................... 128*
Bohnen-Rote-Bete-Eintopf ......... 59*
Bohnensalat in pikanter
  Tomatensauce ........................ 31*
Bohnensalat, bunt ........................ 33*
Bohnensuppe ................................ 46*
Bohnensuppe, ägyptisch .......... 44(*)
Bunter Bohnensalat ..................... 33*
Bunter Kartoffelsalat
mit Tofuwürfeln ............................ 42

**C**hinakohl mit Keimlingen ........... 35
Chinakohl süßsauer mit Tofu .... 121*
Chutney mit Johannisbeeren ........ 83

**E**issalat mit Sojabohnen ............. 34*
Erbsen, überbacken ................. 94(*)
Erbsen-Apfel-Salat ....................... 37*
Erbsenaufstrich ........................... 136
Erbsen-Basmatireis .................. 129*
Erbseneintopf ............................... 66*
Erbsen-Kartoffel-Salat .................. 38
Erbsen-Reis-Salat mit Bananen ...... 39
Erbsensuppe ................................. 47*
Erbspüree ................................... 130*

**F**rüchtequark mit Sojabohnen .... 144

**G**ebratener pürierter Tofu ........ 133*
Gefüllte Paprika .......................... 98*
Gefüllter Blumenkohl ................. 112
Gekeimte Mungbohnen ................ 16
Gemüse-Linsen-Reis ................... 68*
Gemüsesalat, mariniert ............... 36*
Gemüsesuppe, marokkanisch ....... 48
Gemüsetopf, spanisch ................. 54*
Geschmorte Bohnen .................. 126
Grundrezept Erbsen ..................... 18
Grundrezept Kichererbsen ........... 20
Grundrezept Linsen ..................... 22
Grundrezept Sojabohnen ............. 14
Grundrezept Bohnen .................... 12
Grünkern-Tofu-Bratlinge ............. 81*
Gurken-Bohnen-Salat .................. 30*

**H**ülsenfrüchtebraten ................... 96

**I**ndisches Kürbiscurry
  mit Azukibohnen ..................... 60*

Joghurt mit Sojabohnen ................ 65
Johannisbeer-Chutney .................... 83
Johannisbeerkuchen .................... 146

**K**aki-Linsen ............................... 148*
Kartoffel-Bohnen-Curry ................ 57
Kartoffel-Erbsen-Salat .................... 38
Kartoffel-Kichererbsen-Küchle .... 82*
Kartoffeln und Paprika mit Tofu 120*
Kartoffel-Tofu-Bratlinge ............... 80*
Kartoffel-Tofu-Salat ....................... 42
Keimlinge mit Chinakohl ............. 35
Kichererbsen mit Tomaten
   und Zucchini ..................... 102(*)
Kichererbsen, überbacken ............. 99
Kichererbsenbällchen auf
   Möhrenpüree ......................... 104
Kichererbsen-Kartoffel-Küchle .... 82*
Kichererbsenküchle ...................... 74*
Kichererbsen-Pilz-Bratlinge ......... 77*
Kichererbsensalat mit Paprika ..... 40*
Kichererbsensuppe ....................... 50*
Kichererbsen-Süßkartoffel-Auflauf 100
Kürbis-Azukibohnen-Curry ......... 60*
Kürbis-Bohnen-Aufstrich ............. 140
Kürbis-Sprossen-Rolle .................. 114

**L**insen in Auberginen ............... 108*
Linsen mit Kaki ........................... 148*
Linsenauflauf ............................... 110
Linsenaufstrich ............................. 138
Linsenaufstrich, süß ................... 139*
Linsen-Bärlauch-Torte ................. 106
Linsen-Quark-Bratlinge ................. 79
Linsenreis mit Gemüse ................ 68*
Linsen-Reis-Küchle ....................... 78*
Linsensalat .................................... 41*
Linsensuppe, scharf ..................... 49*
Linsentopf, schwäbisch ................. 71

**M**ais-Azukibohnen-Auflauf ........ 92*
Mais-Mungbohnen-Kasserolle ..... 118
Mango-Tofu-Creme .................... 151*
Marinierter Gemüsesalat ............. 36*

Marokkanische Gemüsesuppe ...... 48
Maronen-Sahne-Linsen ................ 70
Möhrenpüree mit
   Kichererbsenbällchen ............. 104
Mungbohnen-Curry ..................... 62*
Mungbohnen-Mais-Kasserolle ..... 118

**N**uss-Tofucreme-Suppe ................ 51

**O**liven mit weißen Bohnen ........ 32*

**P**aprika und Kartoffeln mit Tofu 120*
Paprika, gefüllt ............................. 98*
Paprika-Kichererbsen-Salat .......... 40*
Pilaw mit Azukibohnen ............... 64*
Pilz-Kichererbsen-Bratlinge ......... 77*
Pilz-Tofu-Geschnetzeltes ........... 119*

**Q**uark-Linsen-Bratlinge ................ 79

**R**aita ............................................ 72
Reis-Linsen-Küchle ....................... 78*
Reissalat mit Bananen und Erbsen 39
Rote, scharfe Linsensuppe .......... 49*
Rote-Bete-Eintopf mit Bohnen .... 59*
Rumänischer Bohneneintopf ....... 56*

**S**ahne-Linsen mit Maronen .......... 70
Sauerkraut mit weißen Bohnen .. 58*
Sauerkrautauflauf ........................... 91
Schwäbischer Linsentopf ............. 71
Senf, selbst gemacht ................... 84*
Sesampaste .................................. 137
Sojabohnen in Joghurt ................ 65
Sojabohnen mit Eissalat ............. 34*
Sojabohnen mit Früchtequark ..... 144
Sommersalat mit Linsen ............. 41*
Spanischer Gemüsetopf ............... 54*
Sprossenrolle mit Kürbis ............ 114
Süßer Linsenaufstrich ............... 139*
Süßkartoffelauflauf
   mit Kichererbsen ....................... 100

**T**ofu mit Kartoffeln und Paprika 120*

Tofu-Chinakohl, süßsauer ......... 121*
Tofucremesuppe mit Nüssen ......... 51
Tofu-Creme-Torte ................... 152(*)
Tofugeschnetzeltes mit Pilzen ... 119*
Tofu-Grünkern-Bratlinge ............. 81*
Tofu-Kartoffel-Bratlinge ............... 80*
Tofu-Kartoffel-Salat ....................... 42
Tofu-Mango-Creme ................... 151*
Tofupizza ..................................... 116
Tofupüree, gebraten ................. 133*
Tofuwürfel, gebraten ............. 132(*)
Tofu-Zwiebel-Creme ................. 141*
Tomaten mit Kichererbsen
   und Zucchini .................... 102(*)

**Ü**berbackene Erbsen ............... 94(*)
Überbackene Kichererbsen ........... 99

**V**ollkornnudeln mit Bohnen ....... 90*

**W**eiße Bohnen mit Oliven ......... 32*
Weiße Bohnen mit Sauerkraut .... 58*

**Z**ucchini mit Kichererbsen und
   Tomaten ........................... 102(*)
Zwetschgenküchle ................... 150*
Zwiebelgemüse ........................... 131
Zwiebel-Tofu-Creme ................. 141*

# Vollwertküche mit Pfiff

H. Walker: **Vollwertig kochen und backen – ohne tierisches Eiweiß**
ISBN: 3-89566-146-5

Herbert Walker:
**Schnelle Vollwertküche mit Pfiff**
ISBN: 3-89566-167-8

Herbert Walker:
**Vollwertige Weihnachtsbäckerei**
ISBN: 3-89566-182-1

Herbert Walker:
**Schwäbisch kochen – vollwertig mit Pfiff**
ISBN: 3-89566-208-9

# Vegetarisches aus aller Welt

Yashoda Aithal: **Vegetarisch kochen – indisch**
ISBN: 3-89566-153-8

Gertrud Dimachki: **Vegetarisches aus 1001 Nacht**
ISBN: 3-89566-169-4

Koch / Teitge-Blaha : **Vegetarisch kochen – thailändisch**
ISBN: 3-89566-202-X

Farsane Baraki: **Vegetarisch kochen – afghanisch**
ISBN: 3-89566-213-5

**Gesamtverzeichnis bei: pala-verlag, Rheinstr. 35, 64283 Darmstadt**
**www.pala-verlag.de, E-Mail: info@pala-verlag.de**

ISBN-10: 3-89566-215-1
ISBN-13: 978-3-89566-215-7
© 2006 pala-verlag,
Rheinstr. 35, 64283 Darmstadt
www.pala-verlag.de

Alle Rechte vorbehalten
Illustrationen und Umschlaggestaltung: Margret Schneevoigt
Lektorat: Angelika Eckstein

Druck: fgb • freiburger graphische betriebe
www.fgb.de